시대를 이끄는 소명 붙들고 살아라

출애굽기

시대를 이끄는 소명 붙들고 살아라

돈이 되면 무엇이든 하는 시대에 살고 있습니다. 재미있으면 다 괜찮다는 시대에 살고 있습니다. 일류대학만 가면 된다는 시대에 살고 있습니다. 이런 시대 속에 비전과 열정으로 살아가야 할 우리 청소년들의 자살률이 높아져가고 있다는 슬픈 소식을 듣고 있습니다. 그것은 소명이 없기 때문입니다. 하나님이 고귀한 생명인 인간을 이 땅에 보내실 때 그 사람에게만 맡겨주신 소명이 있다는 것을 알지 못하기에 어느 날 성적을 비관해서, 가난을 비관해서, 외모를 비관해서 목숨을 던지는 것입니다. 이제 누군가가 우리 모두에게 소명이 있다는 것을 전해주어야 합니다. 소명의 가치를 전해주어야 합니다. 애굽에서 공주의 아들로 살아가다가 모든 것을 잃고 절망 속에 광야로 쫓겨간 한 인물이 소명을 발견하고 이스라엘 역사상 가장 위대한 출애굽의 영웅으로 쓰임 받을 수 있었다는 사실을 전해주어야 합니다. 그리하여 이 시대의 모든 청소년들이 시대를 이끄는 소명을 붙들고 살아가도록 해야 합니다. 지금 청소년들에게 소명을 일깨우는 것, 그것이 바로 우리의 소명이 아닐까요?

초판 10,000부 돌파!

지구촌교회 청소년들을 비롯한 전국에 있는 청소년들을 변화시킨 Cell 교재

글로벌틴!

글로벌틴은 최초로 시도되는 청소년 Cell 교재입니다. 기존의 주제별 접근의 성경공부와는 달리, 성경본문을 청소년들의 삶의 자리에서 고민하며 해석하고, 그들의 관심과 상황을 본문 중심으로 엮은 교재입니다.

특히 설교와 연결되는 Cell 교재 개발을 연구해온 현장 사역자가 청소년부 성경공부의 시간 제약을 고려하여 설교와 분반모임이 유기적인 관계 속에 역동적인 시너지 효과를 낼 수 있도록 연구하여 만들어진 교재입니다.

글로벌틴 바이블 스터디의 특징

- 지구촌교회 청소년 사역의 현장에서 청소년들의 성숙과 부흥을 일으켰을 뿐 아니라 중소교회 청소년부에서도 부흥의 물결을 일으키는 교재입니다.
- 주제별 교재의 장점과 교리, 본문별 교재의 장점을 모두 살린 교재입니다.
- 최근에 시도되고 있는 주제 중심-강해설교의 스타일과 같은 강해 교재이기에 매주 끊어진 한 가지 주제를 다루는 한계를 넘어서서 책별로 전체의 흐름을 관통하는 주제가 있습니다. 따라서 책이 끝날 때마다 보다 포괄적인 주제를 나눌 수 있습니다.
- 청소년 설교를 풍성하게 해주는 교재입니다. 교재의 세 가지 질문에 대한 답은 설교의 대지로 사용할 수 있으며, 이것을 통해 어떤 교회에서든 설교와 Cell모임을 연결한 사역을 감당할 수 있어 나눔의 시간을 더 가질 수 있습니다.
- 전달자에 의한 편차를 줄여 Cell모임을 친구끼리, 가정에서도 할 수 있으며, 또 누구나 인도할 수 있도록 지문을 통해 전달 내용을 밝힌 지문 중심의 교재입니다 (분반공부, 개인 성경공부 하기에도 좋습니다).
- 학생들이 찾아서 기록하는 부분은 꼭 필요한 핵심만 채워 넣으면 되도록 이미 작성되어 있습니다.
- 주제와 관련된 읽을 거리를 제공하여 실제적인 적용이 더욱 풍성해 지도록 돕습니다.

교사용 답안은 지티엠 홈페이지(www.gtm.or.kr)에서 보실 수 있고, 본문을 가지고 진행된 오디오와 동영상 설교가 지구촌교회 청소년부 홈페이지(http://1318.jiguchon.org)에서 매주 업데이트 되고 있습니다.

Contents

1. 고통 속에서 소명을 찾는 자가 되어라

 한 음주 운전자가 낸 교통사고로 전신의 55%에 화상을 입게 되었고, 손가락도, 얼굴도, 지난날의 삶도, 꿈도 잃었던 한 자매가 있습니다. 세상은 그녀에게 끝이라고 말했습니다. 사실 누구라도 그렇게 밖엔 생각할 수 없는 상황이었습니다. 살아난 것이 기적인냥 온 몸은 미라처럼 붕대를 감고 있었고, 의사조차 세상에 나가서 살 생각은 하지도 말라고 말했습니다. 지나가는 아이들은 그녀를 벌레나 괴물 취급했습니다. 그러나 희망이 찾아왔습니다. 할 수 있는 것이라고는 참는 것 외엔 아무 것도 할 수 없었던 시절, 생명의 은인인 오빠가 이렇게 말했습니다. "지선아, 그래! 이것보다 더 나빠질 수 있겠어?" 정말 최악의 상황이었습니다. 고난을 천길 낭떠러지에서 떨어지는 것으로 비유한다면 그곳은 정말 바닥이었습니다. 하지만 그 자리에서 자매는 희망을 붙들었습니다. 그리고 그녀는 자신이 붙든 희망을 간증하기 시작했습니다. 희망 전도사가 되어 자신을 살린 하나님의 영광을 위해 절망 속에 무너진 사람들에게 희망을 전하기 시작한 것입니다. 그녀는 이렇게 고백합니다. "인생의 끝이라고 하는 그곳에서, 저는 새 삶을 시작할 수 있었습니다." 바로 '희망의 꽃', 이지선 자매의 이야기입니다.

1. 고통 속에서 소명을 찾는 자가 되어라

1. '희망의 꽃' 으로 불리는 이지선 자매의 이야기를 나눠보세요.

2. 여러분에게 가장 고통스러운 일은 무엇인가요? 옆 사람과 자신의 고통을 나눠
   보세요.

G-Teens 생각

고난과 고통은 소명을 주시기 위한 하나님의 뜻입니다.

먼저 출애굽기 1:1~14 절을 읽어보세요.

■ 고통 속에서 소명 찾기 l

고난과 고통 속에서 소명을 찾기 위해 어떻게 해야 하나요?
출 1:8 요셉을 알지 못하는 새 왕이 일어나서 애굽을 다스리더니
고통 속에 하나님의 (   )이 있다는 것을 믿어야 합니다.

G-Teens 생각

본문은 출애굽 직전의 상황입니다. 다시 말해서 애굽의 노예로 살아가던 이스라엘 백성이
자유인으로 출발하기 직전의 상황이란 말입니다. 이스라엘 백성은 노예의 신분에 불과했지
만 애굽에서 윤택한 삶을 살고 있었습니다. 하지만 요셉을 알지 못하는 새 왕이 일어났다고
성경은 기록합니다. 이것은 요셉으로 인해 걱정 없이 살던 이스라엘 백성에게 어려움이 올
것을 예견해 주고 있는 구절입니다. 실제로 그들은 무거운 짐을 지고 고통스러운 노역을 감
당해야 했습니다. 하지만 이 고통이 없었다면 과연 이스라엘 백성이 애굽을 나올 수 있었을

까요? 아마 그 자리에 안주하고 말았을 것입니다. 그래서 하나님은 노예인 히브리 민족을 자유로운 민족으로 살게 하기 위해 요셉을 알지 못하는 왕을 세운 것입니다. 다시 말해서 이스라엘 민족이 당한 고통에는 새로운 역사를 쓰고자 하시는 하나님의 깊은 뜻이 있었습니다. 이와 마찬가지로 지금 여러분이 받는 고난과 고통 속에도 하나님의 뜻이 있습니다.

 G-Teens 믿음

고통 속에 있는 하나님의 뜻을 발견한 사람이 소명자입니다.

■ 고통 속에서 소명 찾기 II
고난과 고통 속에서 소명을 찾기 위해 또 어떻게 해야 할까요?
출 1:12 그러나 학대를 받을수록 더욱 번식하고 창성하니 애굽 사람이 이스라엘 자손을 인하여 근심하여
고통이 축복의 (   )가 된다는 것을 믿어야 합니다.

 G-Teens 생각

여기서 중요한 단어는 "학대를 받을수록 더욱 번식했다"입니다. 어떻게 학대를 받는데 더욱 잘 될 수가 있을까요? 이것이 바로 그리스도인의 삶의 원리입니다. 왜냐하면 그리스도인들은 어려움을 만날수록 잘 되는 사람이기 때문입니다. 진정한 그리스도인은 죽음 가운데서 부활하시고 승리하신 예수님을 믿는 사람입니다. 그러기에 고통을 만나도 쓰러지지 않습니다. 오히려 죽음을 통해서 부활을 경험하듯이 고통을 통해서 축복을 누리게 되는 것입니다. 학교에서 고통을 당하고 있나요? 어려운 가정환경으로 고통 당하고 있나요? 쓰러지지 마십시오. 그 고통이 축복의 견인차가 될 것입니다.

 G-Teens 믿음

고통을 축복의 견인차로 받아들이는 사람이 소명자입니다.

■ 고통 속에서 소명 찾기 III
고난과 고통 속에서 어떻게 소명을 찾을 수 있을까요?

출 1:19 산파가 바로에게 대답하되 히브리 여인은 애굽 여인과 같지 아니하고 건장하여 산파가 그들에게 이르기 전에 해산하였더이다 하매

고통을 이길 수 있을 만큼 (　　　　　　)는 것을 믿어야 합니다.

 **G-Teens 생각**

페르시아의 유명한 대왕이요 장군인 다리우스 황제가 유럽을 침략하면서 알렉산더 대왕과 싸우게 되었습니다. 다리우스는 알렉산더에게 병사를 시켜 선물을 보냈습니다. 그것은 참깨가 잔뜩 들어 있는 부대였습니다. "우리의 군대는 이렇게 많다. 그러니 손들고 항복하라. 너희들은 승산이 없다"는 다리우스의 호언장담에 알렉산더 대왕은 답장으로 작은 봉투에다 씨 하나를 넣어서 다리우스에게 보냈습니다. 그것은 겨자씨였습니다. "우리가 작다고 무시하지 말라. 우리는 놀라운 생명력을 가지고 있다. 우리는 거칠다. 우리는 너희들을 맞이할 준비가 되어 있다." 결국 알렉산더는 승리했습니다. 사랑하는 여러분, 그리스도인은 강합니다. 9절에 애굽 왕의 고백을 들어보십시오. "이스라엘 자손이 우리보다 많고 강하도다." 하나님은 우리가 고통을 이길 수 있다는 것을 믿기에 그것을 허락하시는 것입니다. 그러기에 일을 하면서 고통을 느낄 때 쓰러지지 말고 강한 능력으로 이기는 삶을 살길 바랍니다.

 **G-Teens 믿음**

고통을 당할 때 쓰러지지 않고 이겨내는 사람이 소명자입니다.

 **생활 적용하기**

1. 고난과 고통을 당할 때 소명자는 어떻게 반응하는지 세 가지로 정리해 보세요.

2. 지금 당하고 있는 고통스러운 일을 적어보고 그에 대한 하나님의 뜻을 적고 나눠 보세요.

3. 곁에 고통 당하고 있는 친구가 있다면 어떻게 위로할 수 있을까요?

 **G-Teens 암송** | 출애굽기 1:7

소명을 이루는 축복

1858년 뉴욕의 어느 가정에 한 아이가 태어났는데, 그 아이는 어려서 소아마비를 앓아 다리를 절었고 시력도 극도로 나빴습니다. 게다가 천식까지 앓아서 앞에 있는 촛불을 끌 힘조차 없는 호흡 곤란을 가지고 있었습니다. 가까스로 생명을 연장하여 드디어 열 한 살이 되던 날, 아버지는 이 아이에게 이런 말을 해주었습니다. "아들아, 네가 가진 장애는 장애가 아니란다. 네가 만약 전능하신 하나님을 참으로 신뢰하고 믿는다면, 그리고 하나님의 도우심이 너와 함께한다면, 오히려 너의 장애 때문에 모든 사람이 너를 주목할 것이고 너는 진실로 역사에 신화 같은 기적을 남기는 놀라운 삶을 살 수 있단다." 그 후 그는 23세가 되던 해에 뉴욕 주를 대표하는 의원이 되었고, 28세에는 뉴욕 시장 선거에 출마했습니다. 얼마 후에는 뉴욕 주지사가 되고, 부통령을 거쳐 미국 역사의 가장 어두웠던 시절에 미국의 신화를 재건하는 대통령이 되었습니다. 1906년에 노벨 평화상까지 수상하였던 이 사람은 바로 테오도르 루즈벨트(Theodore Roosevelt)입니다.

고난과 고통은 우리에게 주신 하나님의 소명을 이루는 데 장애가 되지 않습니다. 도리어 그 장애 때문에 하나님을 의지하면서 우리에게 주신 소명을 이루어 갈 수 있는 축복이 될 것입니다.

2. 소명자는 죽지 않음을 믿어라

 고교 2학년생이 '못생겼다'는 말 한마디에 4층 교실에서 뛰어내려 충격을 준 적이 있습니다. 그만큼 생명에 대한 소중함은 점차 사라지고 있습니다. 이를 확인해 주듯 우리나라의 자살률이 매년 급증하고 있습니다. OECD(경제협력개발기구) 가입국 가운데 헝가리, 핀란드, 일본에 이어 우리나라의 자살률은 세계 4위입니다. 뿐만 아니라 최근 10년간 연평균 자살 증가율에선 우리나라가 1%로, 자살률 급증 국가들인 멕시코(0.61%), 일본(0.44%)보다 크게 심각한 것으로 나타났습니다. 경찰청에 따르면 하루에 자살하는 소중한 생명이 무려 36명이나 된다고 합니다. 왜 이렇게 되었을까요? 하나님이 창조하신 사람에 대한 가치와 소명감을 상실했기 때문입니다. 이런 시대에 우리는 성경으로 돌아가 성경이 말씀하시는 인간의 가치와 소명을 깨닫고 소중한 인생을 가치 있게 살아야 합니다.

2. 소명자는 죽지 않음을 믿어라

1. 사람들이 자살하는 이유는 무엇일까요?

2. 생명을 포기하고 싶을 만큼 힘들었던 적이 있나요?

G-Teens 생각

소명을 이룰 때까지 하나님은 우리의 생명을 지키십니다.

먼저 출애굽기 2:1~10 절을 읽어보세요.

■ 소명자가 죽지 않는 이유 I

소명을 받은 우리가 죽음의 위협 속에서도 죽지 않는 이유는 무엇일까요?

출 2:2 그 여자가 잉태하여 아들을 낳아 그 준수함을 보고 그를 석 달을 숨겼더니

하나님을 (   )하는 사람들의 도움이 있기 때문입니다.

G-Teens 생각

모세가 출애굽이라는 소명을 이룰 수 있었던 것에는 히브리 산파의 도움도 있었습니다. 창세기 1장 17절을 보면 "그러나 산파들이 하나님을 두려워하여 애굽 왕의 명을 어기고 남자를 살린지라"라고 기록되어 있습니다. 히브리 산파들이 없었다면 모세는 살아남을 수 없었을 것입니다. 히브리 산파들이 생명을 걸고 산파의 소명을 다했기에 모세도 살 수 있었습니다. 산파들이 생명을 걸고 산파의 일을 할 수 있었던 이유는 무엇일까요? 그것은 하나님을 두려워

했기 때문입니다. 하나님을 두려워한다는 것은 놀라거나 무서워한다는 뜻이 아닙니다. 하나님을 두려워한다는 것은 하나님이 누구이신가를 아는 데서 오는 끝없는 존경심을 말하는 것입니다. 이런 존경심을 가진 사람은 누구보다도 하나님 중심으로 살아갑니다. 하나님이 주신 소명을 이루며 살아갑니다. 그리고 그 결과 출애굽의 소명자인 모세를 살리는 위대한 일을 감당한 것입니다. 어려움에 처해 있나요? 위협 당하고 있나요? 기억하세요. 소명자는 죽지 않습니다.

 G-Teens 믿음

하나님을 경외하는 사람들로 인해 우리는 소명을 이룰 수 있습니다.

■ 소명자가 죽지 않는 이유 Ⅱ

소명을 받은 우리가 죽음의 위협 속에서도 죽지 않는 이유는 또 무엇일까요?
출 2:3 더 숨길 수 없이 되매 그를 위하여 갈 상자를 가져다가 역청과 나무 진을 칠하고 아이를 거기 담아 하숫가 갈대 사이에 두고
하나님께 맡기는 (   )의 가족들이 있기 때문입니다.

 G-Teens 생각

소명자는 죽지 않습니다. 믿음의 가족들이 있기 때문입니다. 레위 족속의 한 여자와 남자가 결혼해서 모세를 낳았습니다. 얼마나 그 가정의 축복이었을까요? 그러나 모세의 탄생은 부모에게 축복을 누릴 여유를 주지 못했습니다. 바로가 이스라엘 백성의 사내아이가 태어나면 모두 죽이라고 명령했기 때문입니다. 모세는 태어나자마자 죽을 수밖에 없는 인생이었던 것입니다. 그러나 모세의 부모는 믿음의 사람들이었습니다. 하나님이 모세를 이 땅에 보내신 계획과 소명이 있다고 믿었습니다. 그러기에 하나님이 주신 생명을 버릴 수 없었습니다. 그래서 이들은 모세를 살리기 위해 갈대상자를 만들어 하숫가에 내어놓았습니다. 이것은 위험한 일이었지만 하나님을 믿는 믿음이 있었기에 가능한 일이었습니다. 그 결과 소명자 모세는 바로의 왕궁에서 잘 자랄 수 있었습니다. 이처럼 우리의 소명이 흔들릴 때 믿음의 가족들을 통해서 지지 받고 용기를 얻으며 소명을 이루는 인생을 살아갈 수 있습니다.

 G-Teens 믿음

믿음의 가족들로 인해 우리는 소명을 이루는 삶을 살아갈 수 있습니다.

■ 소명자가 죽지 않는 이유 Ⅲ

소명을 받은 우리가 죽음의 위협 속에서도 죽지 않는 이유는 마지막으로 무엇일까요?
출 2:10 그 아이가 자라매 바로의 딸에게로 데려가니 그의 아들이 되니라 그가 그
이름을 모세라 하여 가로되 이는 내가 그를 물에서 건져 내었음이라 하였더라
우리가 구원받은 것처럼 다른 사람들을 구해야 하는 (   )이 있기 때문입니다.

 **G-Teens 생각**

소명은 이루어도 되고 안 이루어도 되는 것이 아닙니다. 소명은 반드시 이루어야 하는 것입니다. 하나님이 우리에게 소명을 주셨다면 하나님이 이루실 것입니다. 그러기에 소명자는 그것을 이룰 때까지 죽지 않습니다. 모세가 그랬습니다. 그는 '물에서 건짐을 받은 자'였습니다. 모세가 자신의 이름이 불려질 때마다 어떤 마음을 갖게 되었을까요? "나도 구원받았으니 압제 속에 있는 우리 동족을 구하며 살아야지"라고 생각하게 되지 않았을까요? 모세는 자신의 이름이 불려질 때마다 자신의 소명을 확인했습니다. 그리고 그 소명을 위해 쓰임 받기를 원했고 마침내 쓰임 받을 수 있었습니다. 사랑하는 여러분, 여러분의 소명은 무엇입니까? 하나님께서 여러분을 통해서 하시고자 하는 일이 무엇입니까? 그것을 발견했다면 기죽지 마십시오. 절망하지 마십시오. 포기하지 마십시오. 소명자는 그것을 이룰 때까지 죽지 않습니다.

 **G-Teens 믿음**

소명을 발견한 자는 좌절과 실패에 굴하지 않고 반드시 소명을 이룰 수 있습니다.

 **생활 적용하기**

1. 소명자가 죽음의 위협 속에서도 죽지 않는 이유는 무엇일까요?

2. 믿음의 가족들이 있나요? 믿음의 가족을 통해서 자신을 다시 세울 수 있었던
   경험을 나누고 믿음의 가족들에게 감사의 마음을 전해보세요.

3. 나의 소명을 적고 옆 사람과 나눠보세요.

 **G-Teens 암송** | 출애굽기 2:10

생명의 가치

한 대학 교수가 배를 타고 여행을 하게 되었습니다. 교수는 한 젊은 선원에게 물었습니다. "여보게, 자네 철학을 아는가?" "모르겠는데요." "허, 자네는 생애의 1/4을 잃었군. 그럼 자네 문학에 대해서는 아는가?" "아니요." "허허, 자네는 생애의 절반을 잃었군. 그럼 예술을 아는가?" "아니요." "허허 안타깝군, 자네는 생애의 3/4을 잃었어." 그때 갑자기 배가 암초에 부딪쳐 가라앉기 시작했습니다. 선원이 교수에게 물었습니다. "교수님, 헤엄칠 줄 아십니까?" "아니 못치네." "그럼 교수님은 생애 전부를 잃은 것입니다."

세상에서 가장 가치 있는 것은 무엇일까요? 그것은 돈도 명예도 권력도 아니라 바로 생명입니다. 그렇다면 생명이 왜 가치 있는 것일까요? 모든 생명은 이 땅에 거룩한 소명을 받고 태어나기 때문입니다. 그 사람만이 해야 하는 귀한 일이 있다는 것입니다. 그러니 소명 받고 태어난 당신의 생명이 얼마나 소중합니까?

3. 실패를 통해 교훈을 얻는 자가 되어라

 미국의 강철왕이며 자선사업가인 카네기는 '실패한 사람들의 10가지 공통점'을 다음과 같이 제시했습니다. 1)모든 책임을 남에게 전가한다. 2)열등의식과 자기비하에 젖어 있다. 3)삶의 목표가 없다. 4)모든 것을 너무 쉽게 포기한다. 5)과거에 지나치게 연연한다. 6)독창력이 없다. 남의 흉내를 내기에 전전긍긍한다. 7)계획이 없이 생활한다. 8)인생의 지름길을 찾느라 많은 시간을 허비한다. 9)자신의 능력에 대한 신뢰가 없다. 10)패배에 대한 원인 분석 없이 실패를 그대로 인정한다.

3. 실패를 통해 교훈을 얻는 자가 되어라

1. 실패를 단 한번도 경험하지 않는 것이 좋은 것일까요?

2. 여러분은 실패를 당할 때 어떤 태도를 취하나요?

G-Teens 생각

소명자는 실패를 통해서 배우는 사람입니다.

먼저 출애굽기 2:11~22절을 읽어보세요.

■ 실패를 통해 배우기 I

그렇다면 소명을 받은 우리는 실패를 통해 무엇을 배워야 할까요?

출 2:11 모세가 장성한 후에 한번은 자기 형제들에게 나가서 그 고역함을 보더니 어떤 애굽 사람이 어떤 히브리 사람 곧 자기 형제를 치는 것을 본지라

자신의 능력을 (　　　　　)하지 말아야 한다는 것입니다.

G-Teens 생각

모세의 실패에는 이해가 안되는 부분이 있습니다. 그것은 모세가 거의 완벽한 사람이라는 것입니다. 그는 어릴 적부터 준수했습니다. 총명하고 지혜가 있었습니다. 또한 그 당시 받을 수 있는 최고의 교육을 받았습니다. 그 당시 최고의 힘을 갖고 있는 나라의 궁궐에서 교육을 받았습니다. 뿐만 아니라 모세는 굉장히 이타적인 사람이었습니다. 11절, 13절, 17절을

보면 모세는 자신의 앞가림을 하기 힘든 때에도 남을 도울 수 있는 사람임을 알 수 있습니다. 이 정도면 성공적인 리더의 조건을 가진 사람 아닙니까? 그런데 모세는 실패했습니다. 그것은 모세가 자신의 능력을 과신했기 때문입니다. 자신이 모든 것을 할 수 있다고 생각하기 때문입니다. 공부를 잘하는 데도 왕따를 당하거나 친구들에게 인정받지 못하는 아이들이 있습니다. 이 역시 아이들이 자신을 과신하고 겸손하지 않기 때문입니다. 그러기에 자신의 능력을 과신하지 말고 겸손해야 합니다.

 G-Teens 믿음

자신의 능력을 과신하지 않고 겸손히 행할 때 실패하지 않을 수 있습니다.

■ 실패를 통해 배우기 Ⅱ

소명을 받은 우리는 실패를 통해 또 무엇을 배워야 할까요?

출 2:12 좌우로 살펴 사람이 없음을 보고 그 애굽 사람을 쳐죽여 모래에 감추니라

하나님을 (　　　　　　)하지 않으면 실패한다는 것입니다.

 G-Teens 생각

자신을 과신하는 사람의 또 다른 특징은 하나님을 의식하지 않는다는 것입니다. 믿을 것은 자신밖에 없다고 생각합니다. 모세가 그랬습니다. 그는 배울 만큼 배웠고 자신이 할 수 있다고 생각했습니다. 그러기에 하나님을 의지할 필요가 없었습니다. 오늘 본문에서 모세는 "사람이 없음을 보고" 자신의 생각대로 행동했습니다. 하나님이 보고 계시는 것을 알지 못했던 것입니다. 하나님에 대한 의식이 없었던 것입니다. 이게 바로 모세가 실패한 결정적인 이유입니다. 실패하는 사람은 불완전한 사람이 아니라 자신이 완전하다는 교만에 빠져 하나님을 의식하지 않는 사람입니다. 그렇다면 여러분은 어떻습니까? 교회에서는 믿는 사람처럼 행동하지만 학교에서나 거리에서는 하나님을 의식하지 않고 죄를 행하고 있지는 않습니까?

 G-Teens 믿음

어디에 있든지 하나님을 의식하며 살아갈 때 실패하지 않을 수 있습니다.

■ 실패를 통해 배우기 Ⅲ

소명을 받은 우리는 실패를 통해 무엇을 배워야 할까요?

출 2:22 그가 아들을 낳으매 모세가 그 이름을 게르솜이라 하여 가로되 내가 타국에

서 객이 되었음이라 하였더라

자신이 인생의 (　　　　　)이 되어서는 안 된다는 것입니다.

 **G-Teens 생각**

민족을 치유하고 세상을 변화시키고 싶었던 모세, 하지만 그는 객이 되고 말았습니다. 세상의 주인공으로 마음껏 꿈을 펼치고 싶었지만 타국에서 이름 모를 객이 되어 살아가고 있었던 것입니다. 그러나 하나님은 모세를 버리지 않으셨습니다. 오히려 실패를 통해서 철저히 연단시키신 후에 모세를 출애굽의 도구로 사용하신 것입니다. 모세가 객이 되어 생활하면서 무슨 생각을 했을까요? '그래 내가 주인이 되어서는 안돼. 하나님을 주인으로 받아들여야 돼. 하나님을 의지하며 살아가야 돼.' 이런 생각을 하지 않았을까요? 객이 되어 살면서 철저히 하나님의 주인 되심을 인정하며 모세는 그렇게 실패의 교훈을 얻고 있었던 것입니다. 그리고 마침내 출애굽의 리더로 쓰임받을 수 있었던 것입니다. 그러기에 인생의 실패를 경험할 때 좌절해서는 안됩니다. 객이 되었다고 해서 인생을 포기해서는 안됩니다. 오히려 인생의 실패자를 들어 사용하시는 하나님을 만나야 합니다. 그렇다면 우리는 실패를 통해 성공의 지름길을 걸을 수 있게 될 것입니다.

 **G-Teens 믿음**

하나님의 주인 되심을 배울 때 실패는 성공의 지름길이 될 수 있습니다.

 **생활 적용하기**

1. 오늘 본문을 읽고 실패를 통해서 배워야 할 세 가지 교훈을 적어보세요.

2. 학교나 가정생활 속에서 하나님을 의식하지 않고 행하는 행동들을 적어보고 회개의 기도문을 작성해 보세요.

3. 나의 생활 중에 하나님의 주인 되심을 인정해야 하는 영역이 어떤 부분인지 적어보고 옆 사람과 나눠보세요.

 **G-Teens 암송** | 출애굽기 2:22

인생의 주인

한 철도사업가가 임종을 맞이하게 되었습니다. 그는 수많은 종업원을 거느린 거대한 철도왕국을 이룩했고 수 천만 달러의 돈을 벌었습니다. 그러나 죽음을 눈앞에 둔 이 사업가는 아들의 손을 잡고 이렇게 말했습니다. "아들아, 너는 지금 이 세상에서 가장 비참한 실패자의 손을 붙잡고 있다." 아들이 대답했습니다. "무슨 말씀이세요, 아버지. 아버지가 실패자라뇨? 아버지는 위대한 철도왕국을 건설하셨고, 수많은 사람들을 고용했으며 엄청난 돈을 버셨잖아요. 아버지가 실패자라니 말도 안돼요." 그때 사업가는 이렇게 말했습니다. "사랑하는 아들아, 결코 그렇지 않다. 이런 일을 하는 동안에 나는 그리스도를 멀리 떠났다. 그리스도 안에 있지 아니한 모든 자는 다 실패한 자들이란다. 나는 그것을 죽음 앞에서 깨달았어."

하나님을 떠난 인생이 돈과 명예와 권력을 얻는다 해도 그것은 성공한 인생이 아닙니다. 죽음과 함께 모든 것이 허무하게 끝나기 때문입니다. 그러기에 죽음이 성큼 다가오기 전, 우리는 하나님 앞에서 신실한 인생을 살아야 합니다. 예수님의 주인 되심을 인정하고 하나님을 의식하며 겸손하게 살아야 합니다. 그런 인생을 살아낸 사람이야말로 마지막 임종의 순간에 성공적인 인생이었다고 고백할 수 있기 때문입니다.

4. 소명을 주시는 하나님을 만나라

 미국에서 가장 인기 있는 토크쇼의 진행자로, 세계의 영향력 있는 인물 100인 가운데 한 사람인 오프라 윈프리는 1954년 미혼모의 아이로 태어났습니다. 흑인이고 못생겼고 지독히 가난했었고 버림받았던 아이였지만 그녀는 하나님을 만난 후 소명을 위해 사는 인생으로 변화되었습니다. 그녀는 소명에 대해 이렇게 말합니다. "첫째, 남들보다 조금이라도 더 가진 것이 소명이다. 둘째, 부담감이 소명이다. 셋째, 아픔이 소명이다." 그녀는 이 소명을 붙들었기에 많은 사람들에게 영향력을 끼칠 수 있었습니다.

4. 소명을 주시는 하나님을 만나라

1. 오프라 윈프리가 영향력 있는 사람으로 변화될 수 있었던 이유는 무엇일까요?

2. 여러분의 소명은 무엇인가요? 옆 사람과 나눠보세요.

G-Teens 생각

하나님을 만나면 소명을 발견하고 목적 있는 삶을 살 수 있습니다.

먼저 출애굽기 3:1~12절을 읽어보세요.

■ 소명을 주시는 하나님 만나기 I

하나님은 어떤 사람을 부르셔서 소명을 주시나요?

출 3:1 모세가 그 장인 미디안 제사장 이드로의 양무리를 치더니 그 무리를 광야 서편으로 인도하여 하나님의 산 호렙에 이르매

평범한 (   )에서 성실히 살아가는 사람을 부르십니다.

G-Teens 생각

사람들이 오해하는 것이 있습니다. 소명은 특별한 사람들만 받는 것이고 기적적인 사건을 통해서 알게 된다는 것입니다. 그러나 소명은 자신의 평범한 일상생활에서 성실하게 살아갈 때 깨닫게 되는 것입니다. 모세가 그랬습니다. 모세는 자신이 세상을 바꿀 수 있다고 생각했습니다. 민족을 위해 큰 일을 할 수 있다고 생각했습니다. 하지만 실패로 돌아가고 말았습니다. 살인자가 되어 타국에서 객이 되고 말았던 것입니다. 오늘 본문은 모세가 장인 이드로의

양무리를 치기 위해 좋은 꼴을 찾아 광야 서편으로 인도하고 있는 모습을 보여줍니다. 모세는 성실하게 자신에게 맡겨진 일을 감당하고 있는 것입니다. 그러던 중 그는 하나님의 산 호렙에 도달하게 됩니다. 그리고 거기서 하나님을 만나 소명을 받습니다. 성실하게 자신에게 맡겨진 일을 감당할 때 하나님이 부르셔서 소명을 주십니다.

 **G-Teens 믿음**

평범한 생활 가운데 성실함을 보일 때 하나님은 소명을 주십니다.

■ 소명을 주시는 하나님 만나기 II

하나님은 어떤 사람을 부르셔서 소명을 주시나요?

출 3:11 모세가 하나님께 고하되 내가 누구관대 바로에게 가며 이스라엘 자손을 애굽에서 인도하여 내리이까

자신의 (   )을 깨달은 사람을 부르십니다.

 **G-Teens 생각**

하나님이 주신 소명을 받을 수 있는 사람은 뛰어난 사람이 아닙니다. 공부를 1등 하거나 재능이 탁월한 사람이 아닙니다. 하나님은 아무 가능성이 없는 사람, 자신이 아무 것도 아니라고 인정하는 사람을 부르십니다. 모세는 자신을 부르시는 하나님께 자신은 아무 것도 아니라고 대답합니다. 사실 그때만 해도 모세는 장인의 양무리를 치는 자였습니다. 출애굽기 3장 1절은 "모세가 그 장인 미디안 제사장 이드로의 양무리를 치더니" 라고 이야기합니다. 처갓집 덕에 겨우 입에 풀칠하고 있는 것입니다. 그런데 하나님은 바로 이런 모세를 부르셨습니다. 모세가 출애굽의 리더로 부르심을 받을 수 있었던 것은 '나는 아무 것도 아닙니다' 라는 고백이 있었기 때문입니다. 하나님은 그렇게 자신의 무능함을 깨달은 사람과 함께하셔서 그리스도 안에서 모든 것을 할 수 있게 하십니다.

 **G-Teens 믿음**

자신을 아무 것도 아니라고 인정할 때 하나님은 소명을 주십니다.

■ 소명을 주시는 하나님 만나기 III

하나님은 어떤 사람을 부르셔서 소명을 주시나요?

출 3:12 하나님이 가라사대 내가 정녕 너와 함께 있으리라 네가 백성을 애굽에서 인도

하여 낸 후에 너희가 이 산에서 하나님을 섬기리니 이것이 내가 너를 보낸 증거니라
하나님 안에 (　　　　　) 사람을 부르십니다.

G-Teens 생각

성경학자들은 모세의 인생을 3단계로 나눕니다. 첫 번째는 'I am something(나는 중요한
사람이다)' 이라는 단계입니다. 그는 애굽 왕자로 중요한 사람이라는 의식을 갖고 살았습니
다. 두 번째는 'I am nothing(나는 아무 것도 아닙니다)' 이라는 단계입니다. 광야에서 그는
아무 것도 아니었습니다. 세 번째는 'I am everything in Christ(그리스도 안에서 나는 모든
것을 할 수 있습니다)' 라는 단계입니다. 실패자인 모세가, 별 볼일 없었던 모세가 어떻게 이
스라엘 백성의 리더가 될 수 있었습니까? 처갓집 덕에 살아가고 있는 모세가 어떻게 이스라
엘 백성을 구원하고 하나님을 섬기게 할 수 있었습니까? 인간의 생각으로는 불가능한 것입
니다. 하지만 하나님이 함께하시기 때문에 모세는 할 수 있었습니다. 하나님께서 우리와 함
께 동행하시면서 좌절하고 포기하고 싶을 때마다, "넌 할 수 있어"라고 격려해 주시기 때문
입니다. 실패했나요? 막막한가요? "나 같은 게 뭐 할 수 있어"라는 패배의식을 가지고 살아
가나요? 포기하지 마십시오. 목적 없이 살지 마십시오. 지금 하나님이 여러분을 쓰시겠다고
소명을 일깨우는 음성이 들리지 않습니까?

G-Teens 믿음

그리스도 안에 있는 사람에게 하나님은 소명을 주십니다.

생활 적용하기

1. 하나님의 소명을 받는 사람의 세 가지 특징을 정리해 보세요.

2. 평범한 일상 중에 성실하지 못한 부분이 있다면 무엇이 있나요?

3. 나의 연약한 부분을 적어보고 옆 사람과 나눈 후 그리스도 안에서 서로 축복해
　　주세요.

 G-Teens 암송 | 출애굽기 3:12

나에게도 소명이

1986년 〈타임〉은 남편의 죽음에도 불구하고 부패한 독재 권력 마르코스와 대결해 필리핀 지도자의 자리에 오른 코리 아키노 대통령을 '올해의 인물' 로 선정했습니다. 그러나 사실 그녀는 특별해 보이는 인물은 아니었습니다. 그녀와 오랫동안 교제해온 카네기 국제평화재단의 케슬러(Kessler)는 코리를 '구약성경의 인물들과 같다' 고 평가했습니다. 하나님께 쓰임 받았던 구약의 대부분의 인물들이 위인이나 영웅과는 거리가 먼 농업종사자, 목축업 종사자, 평범한 가장이나 주부였음에도 불구하고 하나님이 주신 소명을 붙들고 살아간 사람들이었기 때문입니다. 코리 아키노도 〈타임〉과의 인터뷰에서 "하나님은 우리들 한 사람 한 사람을 위해 계획을 갖고 계신다. 그러기에 우리는 자신을 향한 하나님의 계획이 무엇인지를 찾아야 한다"고 하나님의 소명을 강조했습니다.

사람에게는 누구나 하나님이 주신 소명이 있습니다. 평범한 사람일지라도 아무 목적 없이 이 땅에 왔다가 돌아가는 사람은 없습니다. 중요한 것은 평범한 일상에서 '하나님의 부르심을 발견하고 소명에 응답하는 삶을 살아가느냐, 아니냐' 인 것입니다.

5. 하나님을 아는 소명자가 되어라

 하나님이 귀하게 쓰신 인물 가운데 어거스틴이라는 사람이 있습니다. 어거스틴은 기독교 신앙에 굉장한 영향력을 끼친 사람입니다. 하루는 하나님을 믿지 않는 사람이 어거스틴에게 자기가 신봉하는 작은 나무 우상을 보이며 질문하였습니다. "나의 신은 여기에 있는데 당신의 신은 어디에 있소?" 그러자 어거스틴은 이렇게 대답했습니다. "나의 하나님은 보일 수 없소. 그것은 하나님이 없어서가 아니라 당신이 하나님을 볼 수 있는 눈을 갖지 못했기 때문이오."

5. 하나님을 아는 소명자가 되어라

1. 어거스틴이 믿는 하나님을 다른 사람들이 보지 못하는 이유는 무엇일까요?

2. 여러분은 하나님을 누구라고 알고 있나요?

G-Teens 생각

하나님을 아는 사람이 확신을 가지고 소명을 이루는 삶을 살 수 있습니다.

먼저 출애굽기 3:13~22절을 읽어보세요.

■ 하나님 알기 I

우리에게 소명을 주시는 하나님은 어떤 분이십니까?
출 3:14 하나님이 모세에게 이르시되 나는 스스로 있는 자니라
하나님은 (   )있는 분이십니다.

G-Teens 생각

소명은 하나님으로부터 오는 것입니다. 그러기에 소명을 이루는 사람이 되고자 한다면 무엇보다도 하나님을 알아야 합니다. 그렇다면 하나님은 어떤 분이십니까? 하나님은 자신을 '스스로 있는 자(I am who I am)'라고 말씀하십니다. 그것은 '스스로 존재하는 내가 나다'라는 뜻입니다. 꼭 하나님이 장난하시는 것 같죠? '하나님 누구세요?'라고 모세가 물으니까 하나님이 '스스로 존재하는 내가 나다' 이렇게 말씀하신 것입니다. 그렇지만 이 말에는 심오한 뜻이 있습니다. 인간과 하나님의 차이는 아무리 뛰어난 인간이라 할지라도 '스스로 존재하는 사람'은 없다는 것입니다. 즉, 우리는 피조물, 완전한 존재가 아니라는 것입니다. 하

지만 하나님은 '스스로 존재하는 자'이십니다. 그것은 하나님께서 홀로 완전하신 분이시며 창조주이시라는 것입니다. 과거에도 있었고 현재도 있으며 미래에도 영원히 있는 자, 영원한 하나님이란 말입니다. 소명은 우리를 지으신 창조주 하나님이 우리에게 주시는 것입니다. 그러기에 모든 인간은 받은 소명을 위해 살아가야 합니다.

 **G-Teens 믿음**

스스로 있는 자이신 하나님을 믿는 사람은 소명에 응답하는 삶을 살아갑니다.

■ 하나님 알기 II

우리에게 소명을 주시는 하나님은 어떤 분이십니까?

출 3:15 하나님이 또 모세에게 이르시되 너는 이스라엘 자손에게 이같이 이르기를 나를 너희에게 보내신 이는 너희 조상의 하나님 곧 아브라함의 하나님, 이삭의 하나님, 야곱의 하나님 여호와라 하라 이는 나의 영원한 이름이요 대대로 기억할 나의 표호니라

하나님은 우리와 (   )인 관계가 있는 하나님이십니다.

 **G-Teens 생각**

왜 우리가 소명에 응답하는 삶을 살아야 할까요? 그것은 하나님과 우리와의 관계 때문입니다. 하나님은 바로 우리의 하나님이십니다. 우리는 지나가는 어떤 아저씨가 나에게 심부름을 시키면 그 말을 듣지 않습니다. 그러나 아버지가 말씀하시면 당연히 그 말을 듣습니다. 이는 아버지와 아들이라는 관계 때문입니다. '관계가 있다'는 말은 '영향을 받는 사이'라는 뜻입니다. 그런데 오늘 본문은 전능하신 하나님, 창조주 하나님이 우리 조상의 하나님, 아브라함과 이삭과 야곱의 하나님이라고 말씀합니다. 즉, 하나님과 우리는 개인적인 관계가 있다는 것입니다. 우리에게 소명을 주신 그분이 바로 우리의 하나님이라는 것입니다. 그러기에 하나님께로부터 받은 소명은 귀한 것입니다. 하나님이 말씀하신 소명을 무시하고 살 수는 없습니다. 당연히 소명을 이루는 삶이 되어야 하는 것입니다.

 **G-Teens 믿음**

하나님과 자신과의 관계를 아는 사람은 반드시 소명에 응답하는 삶을 살아갑니다.

■ 하나님 알기 III

우리에게 소명을 주시는 하나님은 어떤 분이십니까?

출 3:16 너는 가서 이스라엘 장로들을 모으고 그들에게 이르기를 여호와 너희 조상의 하나님, 곧 아브라함과 이삭과 야곱의 하나님이 내게 나타나 이르시되 내가 실로 너희를 권고하여 너희가 애굽에서 당한 일을 보았노라

하나님은 우리를 (   )는 하나님이십니다.

G-Teens 생각

우리에게 소명을 주시는 하나님은 우리를 방치하지 않으십니다. 우리를 지켜보고 계십니다. 본문은 하나님께서 애굽에서 당한 이스라엘의 고통을 지켜보고 계셨다고 이야기합니다. 이렇듯 하나님은 우리와 함께하십니다. 그분은 우리의 고통 속에 함께 계시며 그 고통으로 인하여 우리의 마음이 완전히 애굽과 같은 세상에서 떠날 수 있기까지 함께 고통스러워 하셨습니다. 그런데 사람들은 아직도 "하나님이 누구시냐?"고 묻습니다. "하나님이 어디 계시냐?"고 묻습니다. 내가 이렇게 학대받고 있는데, 내가 이렇게 고통스러워하고 있는데 하나님은 도대체 뭘 하고 계시냐고 묻는 것입니다. 여러분도 소명을 이루며 살려고 할 때 하나님이 안 계신 것 같은 상황을 만났나요? 그렇다면 기억하십시오. 하나님은 우리를 지켜보고 계십니다. 그러기에 소명을 이룰 때까지 우리와 함께하시는 하나님을 믿고 소명을 위해 살아야 합니다.

G-Teens 믿음

하나님이 지켜보고 계심을 아는 사람은 반드시 소명에 응답하는 삶을 살아갑니다.

생활 적용하기

1. 나에게 소명을 주시는 하나님은 어떤 분이십니까? 세 가지로 정리해 보세요.

2. 하나님과 나는 어떤 관계입니까?

3. 소명이 흔들릴 때 하나님이 함께하심으로 다시 확신을 가진 적이 있다면 옆 사람과 나눠보세요. 만약 하나님이 함께하심을 느끼지 못했다면 왜 못 느꼈을까요?

G-Teens 암송 | 출애굽기 3:14

부르시면 어디라도

미얀마 선교사 중에 의사 메이슨이라는 분이 있었습니다. 메이슨은 부족을 가르칠 교사 한 사람을 구하고 있었는데 마침 적당한 사람을 발견했습니다. 그는 뱃사공이었습니다. 메이슨은 그에게 교사자격으로 가면 매달 5루피를 주겠다고 하면서 같이 가겠느냐고 물었습니다. 그러나 뱃사공은 고민이 되었습니다. 그는 매달 20루피를 받고 있었기 때문입니다. 며칠간 기도를 마친 후 그는 메이슨을 찾아갔습니다. "한달에 5루피를 받으며 가겠습니까?" 그러자 사공이 대답했습니다. "아니요, 한 달에 5루피를 받으며 가고 싶지는 않습니다. 하지만 예수님을 위해서 가겠습니다."

예수님을 위해서라면 부르시는 곳이 어디라도 갈 수 있는 것이 소명 받은 그리스도인의 삶입니다. 그러기에 소명을 이루는 삶을 살고 싶다면 예수님을 더 깊이 알아가야 합니다.

6. 위축된 마음을 버리는 소명자가 되어라

 1983년 영국 이스트볼에서 13살의 소년이 자살했습니다. 그 소년은 모범생이었고 자살할 이유가 없었습니다. 그런데 왜 자살했을까요? 그의 일기를 통해 그 이유가 밝혀졌습니다. "우리 가정은 악마의 저주를 받아 가족들이 일찍 죽는다는 소문을 들었다. 죽음이 두렵다. 어차피 죽을 것이라면 엄마 곁에서 죽는 편이 낫다." 이 소문은 이 가정에 적개심을 품은 한 노인의 근거 없는 유언비어였지만 결국 한 소년을 두렵게 만들었고 죽음에 이르게 하고 말았 습니다.

6. 위축된 마음을 버리는 소명자가 되어라

1. 소년은 왜 스스로 죽음을 선택했을까요?

2. 마음이 너무 힘들고 위축되어서 아무 것도 하고 싶지 않았던 적이 있나요?

G-Teens 생각

소명자는 위축된 마음을 믿음으로 떨쳐 버리는 사람입니다.

먼저 출애굽기 4:1~17절을 읽어보세요.

■ 위축된 마음 버리기 I

위축된 마음을 버리고 소명을 감당하기 위해서 어떻게 해야 할까요?

출 4:1 모세가 대답하여 가로되 그러나 그들이 나를 믿지 아니하며 내 말을 듣지 아니하고 이르기를 여호와께서 네게 나타나지 아니하셨다 하리이다

(   )의 실패에 매이지 않아야 합니다.

G-Teens 생각

모세는 사람들이 자신을 믿지 아니할 것이라고 이야기합니다. 실패한 과거가 모세의 머릿속에 떠올랐기 때문입니다. 자신이 완벽하게 갖추어졌다고 생각했을 때에 실패했던 경험은 모세를 위축시킵니다. 사람들의 마음이 위축되는 이유는 과거의 실패에 얽매여 있기 때문입니다. 모세처럼 '난 실패자입니다. 하나님 아시잖아요?' 라고 생각하기 때문입니다. 많은 청소

년들이 모세처럼 과거지향적인 태도로 세상을 살아가는 경우가 많이 있습니다. 예전에 공부를 못했기 때문에 앞으로도 그럴 것이라고 생각하며, 예전에 빗나갔기 때문에 앞으로도 잘 해나갈 수 없다고 생각합니다. 그러나 실상은 그렇지 않습니다. 베드로가 예수님을 부인했던 과거에 얽매여 있었다면 어떻게 쓰임 받을 수 있었겠습니까? 베드로는 부활하신 주님을 만나고 과거의 실패에서 벗어나 소명을 감당하는 삶을 살았습니다. 이와 마찬가지로 과거의 실패를 회복시키시는 하나님을 만난다면 나도 소명을 잘 감당하는 삶을 살아갈 수 있을 것입니다.

 G-Teens 믿음

과거의 실패에 얽매이지 않을 때 위축된 마음에서 벗어날 수 있습니다.

■ 위축된 마음 버리기 II

위축된 마음을 버리고 소명을 감당하기 위해서 또 어떻게 해야 할까요?
출 4:5 또 가라사대 이는 그들로 그 조상의 하나님 곧 아브라함의 하나님, 이삭의 하나님, 야곱의 하나님 여호와가 네게 나타난 줄을 믿게 함이니라 하시고
하나님의 (   )을 경험해야 합니다.

 G-Teens 생각

위축된 마음은 자신이 잘 할 수 없다는 생각에서 옵니다. 모세도 자신감이 없었습니다. 애굽을 두려워하고 있었습니다. 그러자 하나님은 모세의 두려움을 없애고 자신감을 심어 주기 위해서 기적을 행하셨습니다. 모세의 지팡이가 뱀이 되고 뱀이 다시 지팡이가 되게 하셨습니다. 왜 하필이면 뱀이었을까요? 뱀은 애굽의 백성이 두려워하는 숭배의 대상이었습니다. 하나님은 애굽에 대한 모세의 두려움을 없애기 위해 모세의 지팡이가 뱀이 되게 하는 기적을 베푸신 것입니다. 우리는 세상을 두려워할 필요가 없습니다. 기적을 베푸시는 하나님의 능력이 모세와 함께하신 것처럼 우리와 함께하실 것입니다. 그러기에 세상을 바라보며 두려워하지 말고 하나님을 바라보며 두려움을 제거해야 합니다.

 G-Teens 믿음

하나님의 능력을 경험하면 위축된 마음을 버릴 수 있습니다.

■ 위축된 마음 버리기 III

위축된 마음을 버리고 소명을 감당하기 위해서 마지막으로 어떻게 해야 할까요?

출 4:2 여호와께서 그에게 이르시되 네 손에 있는 것이 무엇이냐 그가 가로되 지팡이니이다

우리가 (   )것을 사용하시는 하나님을 신뢰해야 합니다.

 **G-Teens 생각**

우리는 자신이 가진 것이 별로 없다고 생각합니다. 다른 아이들과 비교하면서 열등감을 갖습니다. 모세도 마찬가지였습니다. 예전에는 자신이 모든 것을 할 수 있다고 생각했지만 지금은 아무 것도 아니라고 생각하고 있었습니다. 그러자 하나님이 물어보셨습니다. "네 손에 가진 것이 무엇이냐?" 그러자 모세는 '지팡이'라고 대답했습니다. 지팡이밖에 없다는 것입니다. 아무 능력도 없고 보잘 것 없는 사람이라는 것입니다. 이 때 하나님은 모세의 지팡이를 가지고 기적을 행하셨습니다. 뭐 특별한 것을 가지고 기적을 행하신 것이 아닙니다. 모세가 가진 보잘 것 없는 지팡이라도 하나님이 쓰시면 기적의 도구가 됩니다. 세상이 두렵습니까? 두려움으로 인한 걱정과 염려가 지배하고 있습니까? 그렇다면 우리의 연약함과 보잘 것 없는 것을 가지고 기적을 베푸시는 하나님의 능력을 바라보십시오. 하나님은 우리가 가진 작은 것으로 세상을 변화시키십니다.

 **G-Teens 믿음**

우리가 가진 것을 사용하시는 하나님을 신뢰할 때 위축된 마음을 버릴 수 있습니다.

 **생활 적용하기**

1. 위축된 마음을 버리는 세 가지 비결을 정리해 보세요.

2. 실패자를 성공자로 바꾸신 성경 속 인물의 이야기를 통해 배운 교훈을 옆 사람과 나누고 서로 중보기도 해주세요.

3. 다른 사람과 달리 내가 갖고 있는 것이 무엇인지 적어 보세요.

 **G-Teens 암송** | 출애굽기 4:17

소명에 순종하는 삶

유명한 복음 전도자로 알려진 D.L. 무디 목사님은 그렇게 말을 잘 하는 사람은 아니었습니다. 하지만 그는 하나님에게 붙들려 그 어느 목사님보다도 귀하게 쓰임을 받았습니다. 한번은 무디 목사님이 영국의 전도대회에서 설교를 마치고 나오는데 아주 지적인 청년 한 사람이 다가오더니 목사님을 붙들고 이렇게 말했습니다. "선생님, 오늘 설교에서 문법적으로 틀린 곳이 열 여덟 군데나 되더군요!" 이에 대해 무디 목사님은 이렇게 대답했습니다. "내가 무식한 것은 나도 잘 알고 있다네. 그런데 참 놀랍고도 신기한 것은 이 무식하고 어리석은 나를 하나님이 아직도 사용하고 계시다는 사실이라네. 나는 날마다 이 사실에 놀라네."

무디 목사님의 고백처럼 하나님이 쓰시지 못할 사람은 이 세상에 없습니다. 아무리 부족하고 연약한 사람일지라도 하나님께 순종하기만 한다면 귀하게 쓰임받을 수 있습니다. 중요한 것은 '우리가 얼마나 많은 능력을 갖고 있느냐, 없느냐'가 아니라 '하나님께서 주신 소명에 순종할 수 있는 자세가 되어 있느냐, 아니냐'입니다.

7. 소명을 실행하는 자가 되어라

 뉴욕의 어느 유명한 의사가 뉴욕에 사는 15,321명의 남자 환자들을 살펴본 결과, 주된 병세의 원인은 인생에 대한 뚜렷한 목표와 가치관이 없기 때문이라고 밝혔습니다. 또한 비엔나 대학의 심리학 연구소 소장인 키럿 부흘러라는 사람이 위대한 인물 200명을 조사해 보았는데 그들 모두는 우연히 천재적인 일을 한 것이 아니라 삶의 목표가 있었기 때문이라고 발표했습니다. 그러나 더 중요한 것은 목표를 실행하는 것입니다. 실행할 수 없다면 그 목표는 사람들에게 비웃음거리밖에 되지 않기 때문입니다. 마찬가지로 소명이 있다고 하면서 그 소명을 실행할 수 있는 능력이 없다면 소명은 무의미할 뿐입니다.

7. 소명을 실행하는 자가 되어라

1. 소명 받은 사람에게 중요한 것은 무엇입니까?

2. 여러분은 목표를 세우고 실행하는 편입니까?

G-Teens 생각

소명자는 인생의 목적을 위해 실천하고 행동하는 사람입니다.

먼저 출애굽기 4:18~31절을 읽어보세요.

■ 소명을 실행하는 사람되기 I

소명을 실행하는 사람이 되려면 어떻게 해야 할까요?

출 4:18 모세가 장인 이드로에게로 돌아가서 그에게 이르되 내가 애굽에 있는 내 형제들에게로 돌아가서 그들이 생존하였는지 보려 하오니 나로 가게 하소서 이드로가 그에게 평안히 가라 하니라

소명에 (   )하는 사람이 되어야 합니다.

G-Teens 생각

하나님의 소명을 이룰 수 있는 사람은 능력이 많은 사람이 아닙니다. 하나님이 능력있는 사람을 쓰셨다면 예수님의 제자들 중 대부분은 쓰임 받을 수 없었을 것입니다. 모세도 마찬가지입니다. 모세가 쓰임 받을 수 있었던 이유는 그가 공주의 아들이었기 때문이 아닙니다. 자신의

부족함을 깨닫고 하나님이 주신 소명에 순종했기 때문입니다. 계속해서 핑계를 대며 주저하던 모세는 이제 장인 이드로에게 '나로 가게 하소서'라고 이야기합니다. 애굽으로 가서 출애굽의 소명을 감당하겠다는 것입니다. 모세는 소명을 깨달았기 때문에 변화되었습니다. 이처럼 소명자는 핑계대지 않습니다. 아무리 어려운 일이 있다할지라도 소명을 위해 순종의 걸음을 내딛을 뿐입니다. 소명을 받았나요? 그렇다면 순종하십시오. 눈앞에 상황을 두려워하지 말고 순종의 길을 걸으십시오. 그러면 소명을 이룰 것입니다.

 G-Teens 믿음

순종하는 사람이 소명을 실행할 수 있습니다.

■ 소명을 실행하는 사람되기 II

소명을 실행하는 사람이 되기 위해서 또 어떻게 해야 할까요?
출 4:20 모세가 그 아내와 아들들을 나귀에 태우고 애굽으로 돌아가는데 하나님의 지팡이를 손에 잡았더라
하나님을 (   )하는 사람이 되어야 합니다.

 G-Teens 생각

소명을 실행하는 사람은 하나님을 의지합니다. 소명을 주신 분이 하나님이시기 때문입니다. 20절은 모세가 세상을 향해 나갈 때 지팡이를 들고 나갔다고 기록합니다. 이에 대해 성경은 '하나님의 지팡이'라고 상세하게 기록하고 있습니다. 이것은 평범한 지팡이를 사용하시는 하나님의 능력을 경험했다는 것을 의미합니다. 그러기에 모세의 지팡이는 평범한 지팡이가 아니라 하나님의 지팡이인 것입니다. 철저히 하나님을 의지하겠다는 상징입니다. 하나님 없이는 소명을 이룰 수 없다는 고백입니다. 그러기에 모세는 소명을 실행하기 위해 세상에 나갈 때 무엇보다도 하나님의 지팡이를 가지고 간 것입니다. 소명을 실행하기 위해 중요한 것은 하나님을 의지하는 것입니다. 자신의 실력과 능력을 의지하는 것이 아니라 오직 하나님만을 의지하는 것입니다. 우리가 소명을 실행하지 못하는 이유는 아직도 자신을 의지하기 때문이 아닐까요?

 G-Teens 믿음

하나님을 의지하는 사람이 소명을 실행할 수 있습니다.

■ 소명을 실행하는 사람되기 III

소명을 실행하는 사람이 되기 위해서 마지막으로 해야 할 일은 무엇일까요?

출 4:21 여호와께서 모세에게 이르시되 네가 애굽으로 돌아가거든 내가 네 손에 준 이적을 바로 앞에서 다 행하라 그러나 내가 그의 마음을 강퍅케 한즉 그가 백성을 놓지 아니하리니

소명을 위해 (　　　　　　　)하는 사람이 되어야 합니다.

 G-Teens 생각

소명은 쉽게 실행할 수 있는 것이 아닙니다. 세상은 그렇게 만만하지 않습니다. 하나님이 모세를 통해 이적을 행한다 해도 세상은 꿈쩍하지 않는다는 것입니다. 그러기에 소명은 '인내' 라는 대가를 치르게 되어있습니다. 오늘 본문은 모세가 소명대로 행하기 위해 애굽으로 가기로 결심했지만 바로는 강퍅할 것이라고 기록하고 있습니다. '강퍅하다' 는 것은 '하자크' 라는 단어로, '강하다, 견고하다' 라는 뜻입니다. 우리가 소명을 이루며 살아가야 할 세상은 견고하고 강합니다. 그러기에 소명을 실행하는 사람이 되고자 한다면 무엇보다도 인내력을 키워야 합니다. 아무리 큰 반대와 시련이 있다할지라도 인내해야 합니다. 인내를 갖고 소명을 다할 때까지 최선을 다해야 하는 것입니다. 그 때 우리에게 주신 하나님의 소명이 이루어질 것입니다.

 G-Teens 믿음

인내하는 사람이 소명을 실행할 수 있습니다.

 생활 적용하기

1. 하나님이 주신 소명대로 실천하고 행동하기 위한 세 가지 비결을 정리해 보세요.

2. 하나님이 주신 소명에 순종하기 위한 순종 리스트를 만들어 보세요.

3. 하나님만을 의지할 수 있도록 매일 10분간 소명을 위한 기도시간을 정하고 실천해 보세요.

 G-Teens 암송 | 출애굽기 4:20

우리가 의지하는 것

뉴욕 마라톤에 출전한 린다 다운(Linda Down)이라는 여성은 출생 때부터 소아마비였습니다. 그러나 그녀는 겨드랑이를 받치는 지팡이, 크러치를 의지하고 26.2마일을 끝까지 달렸습니다. 다른 1만5천 명의 선수들이 평균 4시간 걸린 이 코스를 그녀는 11시간에 걸쳐 완주한 것입니다. 그리고 결승점에 도착해 환영하는 시민들에게 말했습니다. "나에게 강한 팔과 의지를 주신 하나님께 감사드립니다."

린다가 의지한 것, 그것은 겨드랑이를 받치는 지팡이가 아닙니다. 그녀가 의지한 것은 하나님이었습니다. 그러기에 끊임없는 신념과 인내로써 경주를 완주할 수 있었던 것입니다. 세상은 그렇게 만만하지 않습니다. 기도 한 번하고 결심 한 번했다고 해서 우리의 소명이 이루어지는 것이 아닙니다. 하나님을 신뢰하기에 끊임없이 인내하며 소명을 향해 나가는 사람만이 세상이 변하는 놀라운 기적을 볼 수 있을 것입니다.

8. 고난을 극복하는 소명자가 되어라

G-Teens 이야기 미국의 흑인 가수인 마리안 앤더슨(Marian Anderson)은 국회 강당에서 공연을 하려고 했지만 흑인이라는 이유로 공연을 거절당했습니다. 그러나 워싱턴의 링컨 공원으로 장소를 옮겨 시작한 그녀의 공연에는 무려 7만5천 명의 관중이 모여들었습니다. 음악회가 끝난 후 앤더슨은 이렇게 말했습니다. "차별과 고통은 처음엔 좌절을 주지만 나중엔 나를 강하게 합니다. 주님은 부활하셨습니다. 앉아 있지 말고 주님을 위해 일어나 일하십시오!"

8. 고난을 극복하는 소명자가 되어라

1. 마리안 앤더슨은 고난과 고통을 어떻게 받아들였습니까?

2. 고난이 찾아올 때 어떻게 받아들여야 할까요?

G-Teens 생각

소명자는 고난이 다가올 때 좌절을 딛고 일어서는 사람입니다.

먼저 출애굽기 5:22~6:13절을 읽어보세요.

■ 고난 극복하기 I

고난을 극복하는 소명자가 되기 위해서 어떻게 해야 할까요?

출 5:22 모세가 여호와께 돌아와서 고하되 주여 어찌하여 이 백성으로 학대를 당케 하셨나이까 어찌하여 나를 보내셨나이까

문제의 (   )을 정확하게 바라보아야 합니다.

G-Teens 생각

고난을 당할 때 가장 중요한 것은 왜 고난을 당하는가에 대한 대답입니다. 우리의 죄와 허물로 인해 고난이 올 수 있지만 우리를 강하게 하시기 위해 하나님이 허락하시는 고난이 있을 수도 있습니다. 오늘 본문은 소명대로 사는 모세에게 고난이 왔음을 말씀해 주고 있습니다. 모세는 '어찌하여' 라는 불평과 원망을 쏟아놓고 있습니다. 하나님의 소명에 순종해서 바로 앞에 나아가 "광야에 나아가 예배를 드리게 해달라"고 담대히 말했습니다. 그런데

그 결과로 이스라엘 백성은 더욱 큰 고통을 당하게 되었습니다. 결국 이스라엘 백성들이 이 원인이 모세와 아론에게 있다며 항의하자 모세도 동감하며 하나님께 원망합니다. 그러나 문제의 핵심은 '지금의 고난을 어떻게 바라보느냐' 입니다. 이 고난은 모세가 잘못 행동해서 온 것이 아닙니다. 잘못이 있어서 맞는 매가 아니라는 말입니다. 오히려 이 고난은 소명을 이루기 위해 반드시 거쳐야 할 고난인 것입니다. 그러기에 고난 당한 것을 이상하게 여기지 말고 소명을 위해 계속해서 순종의 길을 가야 합니다. 그럴 때 고난을 극복하고 소명을 이룰 수 있습니다.

 **G-Teens 믿음**

문제의 핵심을 정확히 바라볼 때 고난을 극복할 수 있습니다.

■ 고난 극복하기 II

고난을 극복하는 소명자가 되기 위해서 또 어떻게 해야 할까요?

출 6:1 여호와께서 모세에게 이르시되 이제 내가 바로에게 하는 일을 네가 보리라 강한 손을 더하므로 바로가 그들을 보내리라 강한 손을 더하므로 바로가 그들을 그 땅에서 쫓아내리라

고난 너머에 있는 하나님의 (   )을 바라보아야 합니다.

 **G-Teens 생각**

그리스도인들에게 고난은 이상한 것이 아닙니다. 소명 때문에 받는 고난은 오히려 축복입니다. 그러기에 고난을 만날수록 불평하지 말고 기도해야 합니다. 좌절하지 말고 약속하신 하나님의 말씀을 붙들어야 합니다. 고통을 바라보지 말고 고통 너머에 하나님이 약속하신 축복을 바라보아야 합니다. 본문 가운데 불평과 좌절에 빠진 모세에게 하나님이 주신 약속은 강한 손을 더하셔서 이스라엘 백성을 애굽에서 내보낼 것이라는 것입니다. 고난 뒤에 축복이 있다는 것입니다. 소명을 이루기 위해 고난을 피할 수는 없습니다. 그러나 고난 뒤에는 반드시 하나님의 축복이 있습니다. 그러기에 고난이 찾아올 때 고통스러운 현실을 바라보지 말고 고난 뒤에 오는 하나님의 축복을 바라보며 이겨 나아가야 합니다.

 **G-Teens 믿음**

고난 뒤에 올 축복을 바라볼 때 고난을 극복할 수 있습니다.

■ 고난 극복하기 Ⅲ

고난을 극복하는 소명자가 되기 위해서 마지막으로 어떻게 해야 할까요?
출 6:7 너희로 내 백성을 삼고 나는 너희 하나님이 되리니 나는 애굽 사람의 무거
운 짐 밑에서 너희를 빼어낸 너희 하나님 여호와인줄 너희가 알지라
하나님의 (　　　　　)임을 잊지 말아야 합니다.

 G-Teens 생각

소명을 위해 살다보면 우리가 생각하는 것보다 고난이 길어질 때가 있습니다. 그래서 소명을
이룰 수 없을 것 같은 염려와 두려움이 찾아오기도 합니다. 끝나지 않을 것 같은 고난은 우리
의 소명을 마구 흔들어 놓습니다. 이스라엘의 패장들처럼 빨리 바로를 찾아가는 것이 더 낫겠
다는 생각이 들 때가 있습니다. 하지만 패장들의 행동으로 고난은 끝나지 않습니다. 타협한다
고 되는 것이 아닙니다. 세상을 의지한다고 되는 것이 아닙니다. 더 멀리 돌아갈 뿐입니다. 그
렇다면 어떻게 해야 할까요? 고난의 때, 우리는 하나님의 백성임을 기억해야 합니다. 하나님
은 자기의 백성을 버려두시지 않으십니다. 반드시 크신 능력으로 우리를 구원해주십니다. 그
분은 여호와 하나님이십니다. 세상이 그의 주권 아래 있습니다. 그리고 그분이 바로 우리의
하나님이십니다. 우리는 그의 백성입니다. 그러기에 고난은 반드시 끝납니다. 하나님은 우리
를 고난에서 반드시 구원해주십니다. 어떤 고난 속에서도 이 사실을 믿는다면 우리는 반드시
고난을 극복하고 소명을 이룰 수 있을 것입니다.

 G-Teens 믿음

하나님의 백성임을 기억한다면 반드시 고난을 극복할 수 있습니다.

 생활 적용하기

1. 고난을 극복하는 소명자가 되기위한 세 가지 원리를 정리해 보세요.

2. 고난이 축복이었던 경험을 옆 사람과 나눠보세요.

3. 나는 하나님의 자녀라는 확신을 갖고 있나요? 그렇다면 그 확신이 고난 극복에
   어떤 도움이 되는지 나눠 보세요.

 G-Teens 암송 | 출애굽기 6:1

소명을 이루는 도구

아도니람 저드슨 선교사는 그리스도인이 한 명도 없는 미얀마에 복음을 전할 소명을 받고 미얀마로 갔습니다. 그러나 복음을 전했다는 이유로 투옥되어 발목에 무거운 쇠고랑이 채워진 채 습기 많은 토굴에서 21개월을 보냈습니다. 그리고 21개월 후, 저드슨 선교사는 석방이 되자마자 다시 전도를 시작했는데 이때 많은 불교도들이 복음을 받아들였습니다. 그 이유는 저드슨 선교사의 설교 때문이 아니라 선교사의 발목에 새겨진 쇠고랑 자국 때문이었습니다. 고난과 생명의 위협을 감수하면서까지 복음을 전하는 것을 보면서 그가 전하는 것이 진리일 것이라는 믿음을 사람들에게 주었기 때문입니다.

고난은 우리의 소명을 흔들 수 없습니다. 도리어 고난은 소명을 이루게 하는 도구로 쓰일 뿐입니다. 그러기에 고난이 찾아와도 흔들리지 말고 소명을 감당하는 우리가 되어야 할 것입니다.

9. 소명을 재확인하는 자가 되어라

 아이들과 이야기를 하다보면 안타까운 상황에 부딪힐 때가 있습니다. 아이들이 학교를 다녀야 하는 이유를 발견하지 못할 때입니다. 이들은 학교에 가기 싫다고 이야기합니다. "왜 학교 가기 싫어할까" 물어보면 이유도 여러 가지입니다. 한 통계에 의하면 청소년들이 학교에 가는 것을 싫어하는 이유는 다음과 같습니다. 첫째, 지나치게 공부만 강조한다(60%). 둘째, 수업 내용이 어렵다(29.6%). 셋째, 좋은 선생님이 별로 없다(27.7%). 넷째, 교과 외 클럽, 서클 활동이 부족하다(20.7%). 다섯째, 괴롭히는 학생들이 있다(14.4%). 그밖에 친구 관계가 원만하지 못하다, 선생님이 돈이나 선물을 요구한다 등이 있었습니다. 학교는 우리 청소년들이 배우기 더 좋은 환경으로 변해야 합니다. 하지만 학교가 변하기 전에 먼저 확인해야 할 것이 있습니다. 그것은 '우리에게 학교를 다녀야 할 소명이 있는가' 라는 것입니다.

9. 소명을 재확인하는 자가 되어라

1. 여러분은 학교가 어떻게 변하길 원하십니까?

2. 학교에 가는 목적이 무엇입니까?

G-Teens 생각

소명자는 자신이 지금 하고 있는 일에 대한 목적을 알고 있는 사람입니다.

먼저 출애굽기 6:28~7:7절을 읽어보세요.

■ 소명 재확인하기Ⅰ

우리가 소명을 재확인하며 살아야 하는 이유는 무엇일까요?

출 6:30 모세가 여호와 앞에서 고하되 나는 입이 둔한 자이오니 바로가 어찌 나를 들으리이까

소명을 흔들어 놓는 (　　　　　)이 있기 때문입니다.

G-Teens 생각

모세는 자신이 가서 하나님의 말씀을 전하면 아무도 믿지 않을 거라고 생각했습니다. 왜냐하면 말을 잘 하지 못했기 때문입니다. 그래서 모세는 하나님께 자신은 적격자가 아니기 때문에 할 수 없다고 말씀드렸습니다. 그러나 하나님은 모세를 독려하시고 모세에게 할 말을 가르치겠다고 약속하셨습니다. 하지만 바로는 모세의 말을 듣지 않았고 이스라엘 백성들은

더 학대받게 되었습니다. 그러자 하나님은 모세에게 다시 소명을 붙들고 나가라고 명하십니다. 그러나 모세는 또 자신은 입이 둔하기 때문에 못 나가겠다고 이야기합니다. 이와 같이 우리의 핸디캡은 계속해서 소명을 흔들어 놓습니다. 소명을 이룰 수 없다고 생각하게 만듭니다. 그러기에 하나님이 주신 소명을 다시 확인해야 합니다. 그럴 때 소명의 자리에서 떠나지 않을 수 있습니다.

 G-Teens 믿음

누구나 핸디캡이 있기에 소명을 재확인해야 하는 것입니다.

■ 소명 재확인하기 II

우리가 소명을 재확인하며 살아야 하는 이유는 또 무엇일까요?
출 7:3 내가 바로의 마음을 강팍케 하고 나의 표징과 나의 이적을 애굽 땅에 많이 행하리라마는
소명을 흔드는 세상의 힘이 너무 (　　　　　)기 때문입니다.

 G-Teens 생각

소명이 흔들리고 있지는 않습니까? 아무리 노력해도 하나님이 나에게 맡겨주신 일을 이룰 수 없다는 생각이 들진 않습니까? 소명대로 사는 것은 쉬운 일이 아닙니다. 선교사의 소명을 받고 선교하면 금방 사람들이 복음을 받아들일까요? 전문인으로서 소명을 받고 공부하는 데 성적이 금방 쑥쑥 올라갈까요? 그것은 쉽지가 않습니다. 모세도 그랬습니다. 하나님의 백성을 보내라고, 그들이 광야에서 하나님께 예배를 드릴 것이라고 말했지만 바로는 꿈쩍하지 않았습니다. 아무리 최선을 다해도 상황은 바뀌지 않았습니다. 이 때 하나님께서는 "바로가 너희를 듣지 아니할 터인즉…"(4) 이라고 말씀하십니다. 즉, 바로가 듣지 않는다고 흔들리지 말라는 것입니다. 상황이 바뀌지 않는다고 소명을 버리지 말라는 것입니다. 소명을 이루는 사람이 되고자 할 때 금방 이루어지지 않는 것은 정상입니다. 이상하게 생각할 필요가 없습니다. 오히려 일이 잘 안될 때 소명을 재확인하며 소명을 위해 나아가야 합니다.

 G-Teens 믿음

소명을 흔드는 세상의 힘이 강하기에 소명을 재확인해야 하는 것입니다.

■ 소명 재확인하기 III

우리는 왜 소명을 재확인하며 살아야 하는 것일까요?

출 7:4 바로가 너희를 듣지 아니할 터인즉 내가 내 손을 애굽에 더하여 여러 큰 재앙을 내리고 내 군대, 내 백성 이스라엘 자손을 그 땅에서 인도하여 낼지라

소명이 흔들릴 때마다 (   )이 필요하기 때문입니다.

 **G-Teens 생각**

하나님께서는 모세에게 바로가 말을 듣지 않지만 소명은 반드시 이루어질 것이라고 말씀하십니다. 이는 상황은 바뀌지 않는 것 같지만 하나님의 소명은 이루어질 수밖에 없다는 것을 의미합니다. 소명은 반드시 이루어집니다. 하나님이 주신 소명은 실패할 수 없습니다. 하나님이 이루시기 때문입니다. 4절의 "인도하여 낼지라"라는 말씀은 이스라엘 백성을 반드시 인도하겠다는 하나님의 의지를 보여줍니다. 우리는 말씀을 통해서 소명을 재확인할 수 있습니다. 진 터니라는 헤비급 권투선수는 링에서 두 팔이 골절되는 부상을 입어 강펀치를 가질 수 없게 되었습니다. 그러나 그는 포기하지 않았습니다. 권투가 자신의 소명이라고 생각했기 때문입니다. 그래서 강펀치로 링에 설 수 없다면 과학적인 복싱을 하자고 생각했습니다. 그리고 결국 '주먹의 영웅'이라 불리는 강펀치의 소유자, 잭 덤프시를 이기고 챔피언에 올랐습니다. 어려움이 올 때마다 자신에게 주어진 소명을 재확인하며 흔들림 없이 나간다면 진 터니처럼 마침내 승리할 수 있을 것입니다.

 **G-Teens 믿음**

소명의 확신이 필요하기에 소명을 재확인해야 하는 것입니다.

 **생활 적용하기**

1. 소명을 재확인해야 하는 세 가지 이유를 정리해 보세요.

2. 소명을 흔드는 나의 핸디캡은 무엇인가요? 핸디캡을 옆 사람과 나누고 서로 기도해 주세요.

3. 다시 한번 나의 소명서를 적어 보세요.

 **G-Teens 암송 | 출애굽기 7:7**

소명에 응답하는 삶

철학교수로 편안하게 살아가던 한 교수가 책상을 정리하다가 잡지 한 권을 집었습니다. 대충 보고 버리려는데 기사 하나가 눈에 들어왔습니다. '콩고 선교의 필요성' 단숨에 읽어내려 갔고 그의 인생이 바뀌었습니다. 그는 교수직을 사임하고 의학공부를 마친 뒤 아프리카로 갔습니다. 그리고 빈민들을 위해 그 곳에 병원을 세우고 나병환자를 위해 일생을 바쳤습니다. 이 사람은 1952년 노벨평화상 수상자 알버트 슈바이처입니다. 그는 편안하게 살 수 있었지만 그것을 버리고 소명에 응답하는 인생을 살았습니다. 아프리카의 빈민들을 위해 사는 것이 결코 쉽지 않았지만 분명한 확신 가운데 소명을 이루며 산 인생이었습니다.

여러분의 소명은 무엇입니까? 지금 소명에 응답하며 살아가고 있습니까? 혹시 소명을 잊은 채 흔들리며 살아가고 있지는 않습니까?

10. 십자가를 기억하는 소명자가 되어라

 미국 최초의 선교사로 미얀마에서 38년간 사역한 아도니람 저드슨 선교사가 고국으로 돌아와 선교보고를 했습니다. 교회에는 그의 선교보고를 듣기 위해 사람들이 빼곡히 들어섰습니다. 그런데 저드슨 선교사는 예수님의 십자가의 의미를 설명하는데 대부분의 시간을 사용하고 내려왔습니다. 그러자 저드슨의 친구가 이렇게 충고했습니다. "여보게 저드슨, 실망이네, 예수께서 십자가에서 피 흘려 돌아가셨다는 그 말은 우리가 날마다 교회에 와서 듣는 것이 아닌가? 우리는 뭔가 색다른 것을 듣기 위해 온 것이네. 그런데 자네는 왜 선교지에서의 색다른 사건에 대해서 언급을 하지 않았는가?" 저드슨이 대답했습니다. "이보게, 예수께서 나를 위해 십자가에 돌아가셨다는 것보다 더 경이로운 이야기가 어디 있겠는가? 사랑하는 주님이 나를 위해 보배로운 피를 흘리셔서 나를 죄악과 하나님의 진노에서 건져내시고 새 생명을 주셨다는 이 십자가의 사랑 외에 무슨 다른 말이 필요하겠는가?"

10. 십자가를 기억하는 소명자가 되어라

1. 아도니람 저드슨은 왜 좀 더 색다른 보고를 하지 않고 십자가의 보혈에 대해서 이야기했을까요?

2. 십자가의 사랑에 대한 이야기를 반복해서 들을 때 어떤 생각이 드나요?

G-Teens 생각

그리스도인의 소명은 무슨 일을 하든지 예수의 십자가를 드러내는 것입니다.

먼저 출애굽기 12:1~20절을 읽어보세요.

■ 십자가 기억하기 I

우리는 왜 십자가를 기억하는 소명자가 되어야 할까요?

출 12:13 내가 애굽 땅을 칠 때에 그 피가 너희의 거하는 집에 있어서 너희를 위하여 표적이 될지라 내가 피를 볼 때에 너희를 넘어가리니 재앙이 너희에게 내려 멸하지 아니하리라

유월절 어린양이신 예수의 보혈이 우리를 (   )했기 때문입니다.

G-Teens 생각

유명한 설교자 스펄전은 늘 이렇게 외쳤습니다. "여러분, 나의 강단에는 피가 있습니다. 나의 예배당에는 보혈이 있습니다." 그는 십자가의 보혈만이 구원받는 복음임을 잊지 않았습니다. 그러기에 그의 설교에는 늘 그리스도 예수의 보혈이 있었습니다. 그것이 바로 그의 소명이었기 때문입니다. 출애굽하기 전, 애굽에 내려진 재앙 중 가장 큰 것은 애굽의 모든

장자가 죽임을 당하는 재앙이었습니다. 그러나 문설주에 어린양의 피를 바른 이스라엘 백성은 살아남을 수 있었습니다. 그리고 하나님은 유월절을 기념하고 지키도록 명령하셨습니다. 구원을 준 어린양의 피를 기억하라는 것입니다. 유월절 어린양이 바로 십자가에 달리신 예수 그리스도를 의미합니다. 고린도전서 5장 7절은 "우리의 유월절 양, 곧 그리스도께서 희생이 되셨느니라"라고 말씀합니다. 우리는 무슨 일을 하든지 예수 그리스도의 보혈을 잊어서는 안 됩니다.

 G-Teens 믿음

무슨 일을 하던지 우리를 죄와 죽음에서 살리신 예수의 십자가를 잊어서는 안됩니다.

■ 십자가 기억하기 II

우리는 왜 십자가를 기억하는 소명자가 되어야 할까요?

출 12:14 너희는 이 날을 기념하여 여호와의 절기를 삼아 영원한 규례로 대대에 지킬지니라

유월절 어린양이신 예수를 (   )하는 것이 우리의 소명이기 때문입니다.

 G-Teens 생각

바울은 갈라디아서 6장 14절을 통해서 "우리 주 예수 그리스도의 십자가 외에 결코 자랑할 것이 없다"고 고백합니다. 십자가를 통해 구원받은 바울은 십자가를 전하는 것이 소명이라는 것을 깨달았기 때문입니다. 모든 그리스도인의 한 가지 소명은 십자가를 전하는 것입니다. 의료선교를 하던지, 직장 선교를 하던지, 캠퍼스 선교를 하던지, 소외된 자를 위해 일하던지 십자가를 전해야 하는 것입니다. 소명을 전하는 모습이 다를 뿐, 소명은 같습니다. 섬겨야 할 대상이 다를 뿐, 소명은 다 같습니다. 그러기에 소명자로 살아가고자 한다면 십자가를 잊어서는 안됩니다. 나를 사랑하사 나를 위하여 십자가에 피를 흘리신 주님을 잊어서는 안됩니다. 그 주님의 명령을 기억하며 주님이 가라고 하시는 대로 순종하며 가야 합니다. 아무리 큰 고통과 고난이 찾아와도 우리를 위해 십자가의 고난을 지신 주님을 기억해야 합니다. 그럴 때 우리는 소명자로 살 수 있습니다.

 G-Teens 믿음

유월절 어린양이신 예수를 전하기 위해 늘 십자가를 잊어서는 안됩니다.

■ 십자가 기억하기 Ⅲ

우리는 왜 십자가를 기억하는 소명자가 되어야 할까요?

출 12:15 너희는 칠 일 동안 무교병을 먹을지니 그 첫날에 누룩을 너희 집에서 제하라 무릇 첫날부터 칠 일까지 유교병을 먹는 자는 이스라엘에서 끊쳐지리라

십자가를 생각하며 (   )하게 살아야 하기 때문입니다.

 G-Teens 믿음

십자가는 은혜입니다. 우리의 행위가 아닌 하나님의 은혜입니다. 이 은혜로 죄와 허물로 인해 죽을 수밖에 없는 우리가 용서함을 얻고 깨끗함을 입었습니다. 요한일서 1장 7절은 "그 아들 예수의 피가 우리를 모든 죄에서 깨끗하게 하실 것이요"라고 말씀해주고 있습니다. 하나님은 유월절을 지키면서 칠일 동안 무교병을 먹으라고 명령하십니다. 그 이유는 새로운 삶으로 깨끗하게 살라는 것입니다. 무교병은 누룩이 없는 떡입니다. 누룩은 죄를 상징합니다. 그러므로 무교병을 먹으라는 것은 깨끗함을 얻었다는 상징입니다. 예수님의 보혈로 깨끗함을 입고 새 사람이 되었다는 것입니다. 그러기에 그리스도를 전하는 소명자는 깨끗하게 살아야 합니다. 거룩하게 살아야 합니다.

 G-Teens 생각

구원받은 소명자로서 거룩하게 살아야 하기에 늘 십자가를 잊어서는 안됩니다.

 생활 적용하기

1. 십자가의 보혈을 기억하는 소명자가 되어야 하는 이유 세 가지를 정리해 보세요.

2. 당신은 십자가의 보혈로 깨끗하게 되었습니까?

3. 십자가를 전하는 소명을 감당하기 위해 어떤 일을 가지고 어떤 사람들에게 다가가고 싶은지 옆 사람과 나눠보세요.

 G-Teens 암송 | 출애굽기 12:14

보혈을 전하는 사명자

남북전쟁이 일어났을 때, 한 마을에서 군인을 소집하게 되었습니다. 그런데, 자신이 없으면 가족을 부양하고 돌볼 사람이 없는 한 청년도 군대에 가게 되었습니다. 그러자 그 청년의 친구가 대신하여 군대를 가겠다고 자청하면서 이렇게 말합니다. "여보게, 나는 부양할 가족도 없고, 결혼도 하지 않았으니 내가 대신 가겠네." 그러고는 소집관에게 대신 군대에 가겠다고 말했습니다. 소집관은 그의 마음에 감동을 받아 그렇게 받아주었습니다. 남은 청년은 늘 전쟁 소식이 궁금했습니다. 자신을 대신해서 군대에 간 친구가 잘 지내는지 뉴스보도를 살피고, 죽은 사람의 명단이 신문에 올라올 때마다 혹시 그 친구가 죽지는 않았나 궁금해하며, 늘 전쟁 소식에 귀를 기울였습니다. 그러던 어느 날, 사망자 명단에 친구의 이름이 있는 것을 발견하고, 전쟁터로 달려갔습니다. 그리고는 친구의 시체를 부둥켜안고 흐느껴 울었습니다. "나를 대신하여 네가 죽었구나!" 마음을 추스린 청년은 고향으로 돌아와 친구의 무덤을 만들고, 이렇게 묘비에 적었습니다. "그는 나를 위해 대신 죽었다."

사랑하는 여러분, 누가 우리의 죄와 허물을 위해 대신 죽으셨습니까? 바로 예수 그리스도이십니다. 그렇다면 왜 예수께서 우리를 위해 죽으셨을까요? 예수 그리스도의 그 보혈을 전하는 사명을 감당하기 위해서가 아닐까요?

11. 광야학교를 통해 강한 소명자가 되어라

 광야는 길이 없는 곳입니다. 어떤 길이 좋은 길이고 어떤 길로 걸어야 목적지에 빨리 도달할 수 있는 지 알 수 없는 곳입니다. 광야는 전문가가 통하지 않는 곳입니다. 인간의 모든 노력이 단절되는 곳입니다. 또한 광야는 위험한 곳입니다. 물도 음식도 구할 수 없고 심한 기온차와 무서운 맹수들의 공격으로 생명을 위협받는 죽음의 절망이 있는 곳입니다. 그리고 광야는 쉴 수가 없는 곳입니다. 쉴만한 물가나 나무가 없습니다. 추위나 작렬하는 태양을 피할 곳이 없습니다. 사나운 맹수에게 그대로 노출이 되는 곳입니다. 찰스 스윈돌 목사는 이런 광야에서 모세가 중요한 4가지 박사학위를 받았다고 말했습니다. 첫째로 무명 박사입니다. 공주의 아들에서 아무도 알아주지 않는 것을 통해 오직 하나님만을 높이는 법을 배운 것입니다. 둘째로 시간 박사입니다. 광야에서 그는 기다리는 법을 배운 것입니다. 셋째로 고독 박사입니다. 침묵과 외로움 속에서 하나님과의 깊은 만남을 갖게 하는 고독의 능력을 갖게 된 것입니다. 넷째로 불편 박사입니다. 광야라는 환경을 통해서 불편함을 이겨내는 법을 배운 것입니다.

11. 광야학교를 통해 강한 소명자가 되어라

1. 광야는 어떤 곳입니까?

2. 광야학교에 있는 것처럼 지금 가장 견디기 힘든 일이 있다면 무엇입니까?

G-Teens 생각

광야학교를 통해 강한 영적 군사로 변화되는 사람이 소명을 감당할 수 있습니다.

먼저 출애굽기 13:17~22절을 읽어보세요.

■ 강한 소명자로 변화되기 I

강한 소명자가 되기 위해 광야학교에서 배울 수 있는 것은 무엇일까요?

출 13:17 바로가 백성을 보낸 후에 블레셋 사람의 땅의 길은 가까울지라도 하나님이 그들을 그 길로 인도하지 아니하셨으니 이는 하나님이 말씀하시기를 이 백성이 전쟁을 보면 뉘우쳐 애굽으로 돌아갈까 하셨음이라

소명을 감당하기 위해 (　　　　　　　)않는 사람으로 변화되어야 합니다.

G-Teens 생각

하나님이 사람들을 훈련시킬 때 입학시키는 대학이 있습니다. 그것은 광야대학입니다. 우리는 보통 외부의 환경이 바뀌면 문제는 사라질 것이라고 생각합니다. 하지만 더 큰 문제는 환경이 아니라 사람입니다. 오늘 본문은 이스라엘 백성이 드디어 애굽에서 나왔다고 기록하고 있습니다. 이스라엘 백성은 이제 고통 끝, 행복 시작이라고 생각했습니다. 상황이 바뀌었으니

일은 저절로 이루어질 것이라고 생각했습니다. 하지만 아니었습니다. 환경은 바뀌었지만 사람이 바뀌지 않았기 때문입니다. 환경보다 중요한 것은 어떤 상황 속에서도 소명을 감당할 수 있는 인내와 끈기를 가진 사람입니다. 소명을 위해 뒤로 물러서지 않는 사람이 있다면 아무리 강한 적들이 있어도 이길 수 있기 때문입니다. 그래서 하나님은 이스라엘 백성을 애굽에서 가나안으로 인도하실 때 지름길인 블레셋의 해안도시 가자(Gaza)를 통하는 지중해안 길로 인도하시지 않고 광야로 인도하신 것입니다. 불편하고 힘들고 지치기 쉬운 광야에서 뒤로 물러서지 않고 인내와 끈기를 갖고 소명을 향해 나가는 훈련을 시키기 원하셨던 것입니다.

 **G-Teens 믿음**

광야학교에서 물러서지 않는 인내와 끈기를 배운 사람이 소명을 감당할 수 있습니다.

■ 강한 소명자로 변화되기 II

강한 소명자가 되기 위해 광야학교에서 배울 수 있는 것은 또 무엇일까요?
출 13:18 그러므로 하나님이 홍해의 광야 길로 돌려 백성을 인도하시매 이스라엘 자손이 애굽 땅에서 항오를 지어 나올 때에
소명을 감당할 수 있는 훈련된 (   )로 변화되어야 합니다.

 **G-Teens 생각**

빨리 간다고 성공하는 것은 아닙니다. 전력이 갖추어지지 않은 상태에서 축구시합을 하게 되면 분명히 패배하고 맙니다. 중요한 것은 싸울 수 있는 능력을 갖추는 것입니다. 오늘 본문을 보면 이스라엘 백성은 잘 훈련된 군사처럼 보입니다. 항오를 지어 나오고 있습니다. 항오를 지어 나왔다는 것은 열과 행을 잘 맞춘 군사처럼 행진하고 있다는 것입니다. 하지만 하나님은 이들이 아직 전쟁을 수행할 만한 영적 군사들이 아니라는 것을 알고 계셨습니다. 그래서 하나님은 홍해의 광야 길로 인도하셔서 광야 사관학교에 입학시키신 것입니다. 광야학교에서 훈련된 영적 군사로 변화되지 않으면 소명을 감당할 수 없기 때문입니다. 소명을 감당하기 위해서는 누구든 광야학교에 들어가야 합니다. 거기서 영적 군사로 변화될 수 있도록 강한 훈련받아야 합니다. 그렇게 할 때 우리 앞에 놓여진 산 같은 어려움이 있다할지라도 소명을 감당해 낼 수 있을 것입니다.

 **G-Teens 믿음**

광야학교에서 훈련받은 사람이 소명을 감당할 수 있습니다.

56

■ 강한 소명자로 변화되기 Ⅲ

강한 소명자가 되기 위해 광야학교에서 배울 수 있는 것은 또 무엇일까요?
출 13:21 여호와께서 그들 앞에 행하사 낮에는 구름기둥으로 그들의 길을 인도하
시고 밤에는 불기둥으로 그들에게 비취사 주야로 진행하게 하시니

하나님의 (　　　　　　　)을 받는 사람으로 변화되어야 합니다.

 G-Teens 생각

광야학교에 들어가면 모든 인간적인 도움은 끊어집니다. 인간의 도움이 닿을 수 없는 곳이
기 때문입니다. 이곳에서 하나님은 이스라엘 백성에게 오직 하나님의 인도하심을 받는 훈련
을 시키십니다. 뜨거운 태양이 내리쬐는 낮에는 구름기둥을 통해서 시원하게 인도하시고,
춥고 매서운 바람이 불며 어두움으로 어디를 가야할지 모르는 밤에는 불기둥으로 환하고
따뜻하게 하시며 어디로 가야 하는지 보여주십니다. 그러기에 광야학교를 통해서 우리는 하
나님만을 의지하고 따라가는 법을 배울 수 있습니다. 인간의 지혜가 아닌 하나님의 지혜와
인도하심을 따라가는 법을 배우게 되는 것입니다. 지금 광야와 같은 시간을 보내고 있나요?
그렇다면 하나님의 인도하심을 따라가는 법을 배우십시오. 고독과 외로움 속에서 철저하게
말씀을 묵상하고 하나님께 기도하는 법을 배우십시오. 불편함과 위협을 느끼고 있나요? 하
늘에서 오는 하나님의 보호하심과 공급하심을 경험하십시오. 그렇게 할 때 소명을 감당할
수 있는 하나님의 사람으로 변화되어 갈 것입니다.

 G-Teens 믿음

하나님의 인도하심을 받아 훈련 된 사람이 소명을 감당할 수 있습니다.

 생활 적용하기

1. 광야학교를 통해서 변화되어야 할 강한 소명자의 세 가지 모습은 어떤 것인지
   정리해 보세요.

2. 훈련되어야 할 연약하고 나태한 나의 모습들을 적어보세요.

3. 어려움 속에서 하나님이 인도하셨던 간증이 있다면 옆 사람과 나눠보세요.

 G-Teens 암송 | 출애굽기 13:21~22

동행

2차 세계 대전 초기, 영국의 작은 배 한 척이 중요한 임무를 띠고 미국을 향해 항해를 하게 되었습니다. 선장은 수많은 적들의 배를 피해 목적을 이룰 수 있을까 염려했습니다. 그때 지휘관이 선장에게 이렇게 말했습니다. "자네가 위험에 처할 때마다 암호를 사용해서 무전을 치게, 그러면 곧 답신이 갈 거야." 선장은 지휘관의 말을 믿고 그 험한 바다를 향해 나갔습니다. 그런데 저 멀리 적의 함선이 보이는 것 같았습니다. 그는 지시 받은 대로 재빨리 암호를 쳤습니다. 그러자 바로 답신이 왔습니다. "다 알고 있다. 우리도 적을 보고 있다. 걱정하지 마라. 우리가 그대 곁에 있음을 잊지 말라." 선장은 이 답신을 받고 용기를 얻어 항해를 계속 했고 결국 무사히 샌프란시스코 항구에 도착할 수 있었습니다. 그런데 이 배가 항구에 도착할 즈음 뒤에서 갑자기 잠수함 한 척이 불쑥 나타났습니다. 선장의 작은 배를 지켜주기 위해 물 속에서 뒤따라오고 있었던 것입니다.

광야 같은 세상에서 나 혼자 소명을 감당하고 있는 것 같지만 늘 하나님이 동행해 주시고 인도해 주십니다. 그러기에 소명을 감당할 때 두려워할 필요가 없습니다. 오직 하나님의 인도하심을 바라보며 광야에서 인내함으로 하나님의 백성으로 영적 군사로 다듬어져 간다면 반드시 소명을 이룰 수 있기 때문입니다.

12. 절망을 승리의 기회로 바꾸는 소명자가 되어라

G-Teens 이야기   제2차 세계대전 말엽에 해군 잠수함 한 척이 본부로 돌아오고 있었습니다. 그런데 갑자기 기관 고장을 일으켜 항구 밑으로 가라앉고 말았습니다. 그래서 잠수부들이 급히 바다 속으로 뛰어 들어가 잠수함 뚜껑 위에 접근했습니다. 그때 그 안에서 망치로 뚜껑을 두드리는 소리가 들려왔습니다. 그것은 절망에 빠진 한 승무원 망치로 이런 내용의 모르스 부호로 신호를 보내고 있었던 것입니다. "아직도 희망이 있습니까?"

12. 절망을 승리의 기회로 바꾸는 소명자가 되어라

1. 절망에 빠진 사람에게 가장 필요한 것은 무엇인가요?

2. 절망을 느껴본 적이 있나요? 있다면 언제 절망에 빠지게 되는지 나눠보세요.

G-Teens 생각

소명자는 절망을 승리의 기회로 바꾸는 사람입니다.

먼저 출애굽기 14:1~16절을 읽어보세요.

■ 절망을 승리의 기회로 바꾸기 I

절망을 승리의 기회로 바꾸기 위해서 어떻게 해야 할까요?

출 14:10 바로가 가까와 올 때에 이스라엘 자손이 눈을 들어 본즉 애굽 사람들이 자기 뒤에 미친지라 이스라엘 자손이 심히 두려워하여 여호와께 부르짖고

절망적인 (   )에 굴복하지 말아야 합니다.

G-Teens 생각

사방이 막혀 있다고 느껴본 적이 있었나요? 지금 이스라엘 백성이 그렇게 느끼고 있습니다. 왜냐하면 믹돌과 홍해 바다 사이 깊은 계곡 속에 갇히고 말았기 때문입니다. 앞에는 홍해 바다가 있고 뒤에는 특별병거 육백승을 동원해서 추격해 오는 애굽의 정예부대가 있었습니다. 이제 꼼짝없이 갇혀 죽을 수밖에 없는 상황이었습니다. 두려움과 절망이 찾아왔습니다. 본문은 그들이 두려워 여호와께 부르짖었다고 기록하고 있습니다. 하지만 이들이 두려움 속에 절망한

것은 환경 때문이 아닙니다. 이들은 환경을 뛰어넘어 역사하시는 하나님을 바라보지 못하고 있기 때문입니다. 쉽게 생각하면 바로의 추격으로 인해 절망하고 있다고 생각하겠지만 그들은 바로에게서 이곳까지 인도하신 하나님을 바라보지 못하고 있는 것입니다. 그러나 아무리 바로가 특별병거 육백승을 비롯해 모든 세상의 병거들을 다 동원한다 할지라도 하나님이 함께하시는 우리를 어찌할 수 없습니다. 성경은 이곳에서 바로의 군대는 쓰러지고 하나님은 그 병거와 마병을 인하여 영광을 얻을 것이라고 말씀해주고 있습니다. 그러기에 절망적인 상황이 벌어졌을 때 두려워하거나 환경에 굴복하지 말고 오직 하나님이 주신 소명을 위해 앞으로 나가십시오. 그럴 때 환경은 바뀌기 시작할 것입니다.

 G-Teens 믿음

환경에 굴복하지 않을 때 절망을 승리의 기회로 바꿀 수 있습니다.

■ 절망을 승리의 기회로 바꾸기 II

절망을 승리의 기회로 바꾸기 위해서 또 어떻게 해야 할까요?

출 14:12 우리가 애굽에서 당신에게 고한 말이 이것이 아니뇨 이르기를 우리를 버려두라 우리가 애굽 사람을 섬길 것이라 하지 아니하더뇨 애굽 사람을 섬기는 것이 광야에서 죽는 것보다 낫겠노라

부정적인 말을 내뱉게 하는 죄의 (　　　　　　)을 버려야 합니다.

 G-Teens 생각

우리가 잘 알고 있는 것처럼 애굽에서 가나안까지는 그렇게 먼길이 아니었습니다. 14일이면 갈 수 있는 길이었습니다. 그런데 하나님께서는 왜 그들을 지름길로 인도하시지 않았을까요? 그것은 하나님이 이스라엘 백성의 뿌리깊은 죄의 노예근성을 아셨기 때문입니다. 이스라엘 백성은 언제든 돌아갈 준비가 되어있었습니다. 하나님의 은혜로 출애굽을 했지만 그들에게는 여전히 근본적인 변화가 없었던 것입니다. 사랑하는 여러분, 여러분은 어떻습니까? 일이 잘 될 때는 하나님을 잘 따르지만 일이 어려워질 때 불평하지 않았나요? 삶의 막막한 벽에 부딪힐 때 하나님을 원망하고 돌아서지는 않았나요? 그게 바로 인간의 뿌리깊은 죄의 근성입니다. 그 죄의 근성을 버리지 않는 한 환경이 어려울 때마다 하나님을 의지하기보다는 원망과 불평에 빠질 것입니다. 낙심과 두려움에 빠져 소명을 망각하게 될 것입니다. 그러기에 소명을 이루는 인생이 되고 싶다면 속히 뿌리깊은 죄의 노예근성을 십자가에 못박아 버려야 합니다.

 G-Teens 믿음

뿌리깊은 죄의 노예근성을 버릴 때 절망을 승리의 기회로 바꿀 수 있습니다.

■ 절망을 승리의 기회로 바꾸기 Ⅲ

절망을 승리의 기회로 바꾸기 위해서 마지막으로 어떻게 해야 할까요?

출 14:14 여호와께서 너희를 위하여 싸우시리니 너희는 가만히 있을지니라

(   )이 우리를 위해 싸워주신다는 것을 믿어야 합니다.

 G-Teens 생각

절망적인 상황에서 가장 중요한 것은 하나님을 신뢰하는 것입니다. '하나님이 도와주신다, 하나님이 싸워주신다' 는 것을 믿어야 합니다. 14절에서 소명자 모세는 하나님이 싸워주심을 믿고 가만히 있으라고 이야기합니다. 여기서 '가만히 있으라' 는 말은 아무 것도 하지 말라는 뜻이 아닙니다. 오히려 밀려오는 절망과 두려움 속에서도 흔들리지 않고 하나님을 똑바로 직시하는 적극적인 믿음을 가지라는 것을 의미합니다. 도저히 빠져 나올 수 없었던 애굽에서 수 없는 이적을 베푸신 하나님의 능력을 분명히 보라는 것입니다. 구름기둥과 불기둥으로 이제껏 인도하신 하나님의 돌보심을 바라보라는 것입니다. 이와 같이 전능하신 하나님, 그분이 우리의 아버지이십니다. 그분이 나의 하나님이십니다. 그분이 우리를 위해 싸우신다고 오늘 성경은 말씀하고 있습니다. 그러기에 우리에게 주신 소명을 위해 살다가 어려움에 부딪힌다고 해서 흔들리지 말아야 합니다. 원망과 불평을 쏟아내지 말아야 합니다. 오히려 절망을 승리로 바꾸어 주시는 하나님을 신뢰함으로 가만히 있어야 합니다. 그럴 때 우리의 소명을 이루시는 하나님의 역사를 바라볼 수 있을 것입니다.

 G-Teens 믿음

하나님이 싸워주신다는 것을 믿을 때 절망을 승리의 기회로 바꿀 수 있습니다.

 생활 적용하기

1. 절망을 승리의 기회로 바꾸는 세 가지 비결을 정리해 보세요.

2. 하나님을 바라보지 못하고 환경을 바라보게 하는 부정적인 말이나 태도가 내게 있나요? 만일 있다면 그 말과 태도를 긍정적으로 바꾸어 적어 보세요.

3. 지금 제일 안 좋은 상황이 무엇인지 적어보고 두려움과 절망을 이겨나갈 수 있는 성경구절을 찾아 암송해 보세요.

 G-Teens 암송 | 출애굽기 14:14

승리의 기회

　사람들은 상황이 좋지 않으면 쉽게 좌절합니다. 불평하고 원망을 쏟아냅니다. 하지만 중국의 선교사로 소명을 받아 하나님 앞에 큰 일을 시도했던 허드슨 테일러는 이렇게 고백했습니다. "하나님을 위한 일을 시도하다가 우리 능력의 한계에 이르게 되는 일은 종종 있으나 하나님의 능력은 한계에 도달하는 일이 없다."

　하나님의 능력에는 한계가 없습니다. 그러기에 하나님의 소명을 붙들고 일하는 우리에게 한계가 있을 수 없습니다. 왜냐하면 전능하신 하나님께서 소명을 이루어 주시기 때문입니다.

　혹시 상황에 좌절했습니까? 의료 선교사가 되고 싶은데 성적이 잘 나오지 않아 절망하고 있습니까? 바뀌지 않는 집안 사정으로 인해 막막함을 느끼고 있습니까? 아무런 희망이 없다는 생각에 죽고 싶은 생각이 듭니까? 그렇다면 환경을 바라보지 말고 전능하신 하나님을 바라보십시오. 사방이 막혀 있다면 하늘을 바라보십시오. 그러면 전능하신 여호와 하나님께서 절망의 순간을 승리의 기회로 바꾸시는 것을 보게 될 것입니다.

저자 소개

김인환 목사는 과거 장년 400명 출석인 서울제일침례교회 시무 시 청소년부를 250명으로 끌어올렸을 뿐 아니라 지구촌교회부임 6년만에 200명에서 1,600명으로 끌어올린 청소년부 부흥의 살아있는 전설이다. 그는 "예배의 회복과 가정의 회복이 청소년의 회복이다"라는 슬로건을 내걸고 복음의 열정과 깊이있는 강해 설교로 청소년들을 변화시키고 있는 '복음의 비전메이커'이다. 「세계를 품는 경건의 시간 GT」의 편집위원으로 있으며, 유스코스타(Youth Kosta)와 두란노바이블 칼리지 강사를 비롯해 젊은이를 위한 부흥집회와 교사세미나, 부모를 위한 자녀성공세미나, 침례신학대학교 기독교교육학과와 청소년 사역자들을 위해 강의를 하는 탁월한 교육전문사역자이다. 저서로는 소그룹 성경공부 교재 「니들이 믿음을 알어?(요한복음)」, 「별을 쏘다(창세기2)」, 「행복 바이러스(로마서)」, 「묻지마 다쳐(요한계시록)」, 「디지털 리더로 살아라(느헤미야)」, 「믿음을 휘날리며 믿음짱으로 살아라(창세기)」, 「시대를 이끄는 소명 붙들고 살아라(출애굽기)」, 「충전 100% 은혜로 살아라(에베소서)」, 「다음세대 전사가 되어라(사사기)」, 「21세기 리더 예수의 제자가 되어라(마가복음)」, 「세상을 바꾸는 영적 거인이 되어라(사무엘 상·하)」, 「역경을 기쁨으로 이기는 유머의 대가가 되어라(빌립보서)」와 부모와 교사, 그리고 사역자들의 필독서인 「사춘기를 알면 자녀의 성공이 보인다(두란노서원)」등이 있다.

E-Mail : vimilo@korea.com   홈페이지: http://edu.jiguchon.org

시대를 이끄는 소명 붙들고 살아라 - 출애굽기

초판발행/ 2004. 7. 1
초판13쇄/ 2008. 6. 20
지 은 이/ 김인환
발 행 처/ 도서출판 글로벌틴
등   록/ 제10-0763호
　　　　서울시 광진구 구의동 253-36 3층 GTM
영   업 | 함창일 (02)453-3848 FAX.453-3836
전   화 | (02)453-3818
팩   스 | (02)453-3819
웹사이트/ www.gtm.or.kr
총   판/ 기독교출판유통 (031)906-9191~4
디 자 인/ 노승석(1111nss@hanmail.net)
편   집/ 오상균
일러스트/ 장미희

ISBN 89-85447-31-9